范托内斯体系解密

[澳]比尔·雅各布斯 著

黄水怒 连若旸 译

成都时代出版社

四川省版权局
著作权合同登记章
图进字 21-2013-66 号

图书在版编目（CIP）数据

范托内斯体系解密/（澳）比尔·雅各布斯著；黄水怒，连若旸译. -- 成都：成都时代出版社，2013.7
ISBN 978-7-5464-0924-5

Ⅰ. ①范… Ⅱ. ①比… ②黄… ③连… Ⅲ. ①桥牌-基本知识
Ⅳ. ①G892

中国版本图书馆 CIP 数据核字（2013）第 163632 号

范托内斯体系解密
FanTuoNeiSi TiXi JieMi
[澳] 比尔·雅各布斯 著
黄水怒 连若旸 译

出 品 人 段后雷
责任编辑 曾绍东
特约编辑 徐文惠
封面设计 陈二龙
版式设计 陈二龙
责任校对 晓 婧
责任印制 干燕飞

出版发行 成都时代出版社
电 话 (028) 86619530（编辑部）
(028) 86615250（发行部）
网 址 www.chengdusd.com
印 刷 三河市华晨印务有限公司
规 格 165mm×238mm 1/16
印 张 15.75
字 数 212 千字
版 次 2013 年 7 月第 1 版
印 次 2013 年 7 月第 1 次印刷
印 数 1-5000 册
书 号 ISBN 978-7-5464-0924-5
定 价 32.00 元

前言

2008 年北京世界智力运动会决赛的第二节，出现了这副牌：

北家开叫 东西有局	♠J 8 3 2 ♡8 6 5 4 ♢K 8 7 ♣9 6	
♠A Q 9 5 ♡Q 7 ♢Q 6 5 ♣J 10 8 5	N W E S	♠K 10 7 6 4 ♡10 3 ♢J 10 3 2 ♣7 3
	♠— ♡A K J 9 2 ♢A 9 4 ♣A K Q 4 2	

意大利队正和英格兰队争夺金牌。这是两桌的叫牌进程：

闭室（英格兰队南北）

西	北	东	南
	贾斯廷·哈克特		詹森·哈克特
	不叫	不叫	1♡
不叫	2♡	不叫	3♠
不叫	4♡	全不叫	

开室（意大利队南北）

西	北	东	南
	福尔维奥·范托尼		克劳迪奥·努内斯
	不叫	不叫	1♡
不叫	2♡	不叫	3♠
不叫	4♢	不叫	6♡
全不叫			

两桌的进程显然很近似。两桌的南家都开叫自然的1♡，北家简单加叫，南家以跳叫3♠——斯普令特(Splinter)显示短套做满贯试探。

现在贾斯廷·哈克特(Justin Hackett)以4♡止叫，而福尔维奥·范托尼(Fulvio Fantoni)用4◇扣叫他的◇K。这足够鼓励克劳迪奥·努内斯(Claudio Nunes)直接叫到极好的满贯，打成超一。

虽然叫牌进程非常近似，但这里实际上存在叫牌体系的差异。

英格兰牌手打的是自然体系，所以詹森·哈克特(Jason Hackett)开叫不逼叫的1♡颇为冒险。他逃过了1♡打成七个的耻辱，但他随后做满贯试探时，他哥哥贾斯廷持可怜的四点牌，合理地拒绝了合作，并错失了一个完美的满贯。

意大利牌手打他们自创的体系。1♡是逼叫的，开叫实力没有上限。2♡表示3~6点有支持。在这一背景下，福尔维奥·范托尼以4◇扣叫呼应同伴毫无不安。现在南家知道满贯应该是完美的一搏。

这个出众的叫牌进程给我的搭档本·汤普森(Ben Thompson)留下了深刻印象，也使我决定学习这一被发明者命名为范托内斯(Fantunes)的体系。使用三年并获得一些成功之后，我们发现范托内斯：

——是一个理论上极为可靠的叫牌体系

——是一种在激烈竞叫中致胜的手段，因为它能给敌方造成严重问题

——是能给使用者带来巨大乐趣的体系

范托内斯体系的出色表现，使范托尼和努内斯2011年在世界桥联大师分排行榜上位居第一和第二。他们获胜的清单很长，包括：

——2004年和2008年世界奥林匹克桥牌锦标赛

——2005年百慕大杯

——2002年世界公开双人赛

无法想象排名世界第一的组合没有好的叫牌体系。范托内斯体系在范托尼和努内斯手中显然很有威力：在你手中也一样。

目录 Content

本书的内容

本书向全世界展示了范托内斯体系。素材取自范托尼和努内斯在网上、BBO 转播上叫的上千副牌，以及我与搭档的实战测试。

我们的旅程将追随每一个开叫展开，并在三个独立的层次上讨论本体系：

理念：这一开叫的优劣何在？与其他体系相比如何？

即便你对使用范托内斯体系没有兴趣，我希望对它的讨论能使你对叫牌理论有更为深刻的理解。

基础：讲解基本应叫结构。如果你准备尝试本体系，必须学习并使用基础部份。

高级：这是本体系中非常复杂的部份。福音是你不必使用所有复杂的装置，即使仅用基础部份，范托内斯也是非常有效的体系。如果你见到这个符号：

⚠ 就表明这里讲解内容可以视为选项，提供了更为简单的处理。

我必须预先说明，本书的内容与范托尼和努内斯实际所打的体系略有不同——这是一个范托内斯体系的改写本，略微降低了其复杂程度。在许多方面，范托内斯与其说是一个体系，不如说是一种风格：逼叫的一阶花色重开叫，轻一些的二阶自然开叫。每个人都可以把自己喜欢的约定引入这一体系，并且选择适合自己的复杂程度。

范托内斯体系基础

范托内斯包括独特而有趣的开叫与应叫组合。尽管很独特,但它是一个典型的自然体系,至少开叫如此。

体系的自然属性有很多正面的副作用。首先,它几乎在所有比赛中都可以使用。它并不靠迷惑对手或者利用对手不熟悉本方的体系取胜;相反,它的设计是为了在牌力有限时迅速把叫牌水平抬到适当的阶数……它是一个温和的自然阻击体系,应该毫无合法性问题。

在比赛之前我们向对手介绍体系时,面对他们的惊讶,我们经常说:“我们的体系比你们的更自然。”

第二,你掌握了范托内斯体系的前期叫牌后,可以在满贯领域使用你所熟悉的手段。例如,范托尼和努内斯在试探满贯时使用“特博”(TURBO)约定核查 A。这一约定中 4NT 表示偶数关键张,越过 4NT 表示奇数关键张。没有理由一定要在打范托内斯体系时使用特博约定:我们就用罗马关键张问叫代替。

同样,很多时候你方开叫后,敌方的争叫使你很难处理。因为你的范托内斯开叫主要是自然的,你可以在敌方插叫后使用你所喜欢的手段。在竞叫中,这一体系的自然开叫能得到可观的收益。在很多叫牌进程中,开叫和第一应叫显示真实的长套,会使你在遇到争叫时易于处理。

该开始了。

范托内斯体系把开叫牌分为三类：

1. 坚实的开叫

2. 低限牌型开叫

3. 低限均型开叫

一手“坚实的”开叫牌，如果是平均牌型至少有 15 点*；如果是不平均牌型则是 14 点以上，但有一个例外是持双高花。

“坚实的开叫牌”没有上限，牌力范围是：14 到 37 点。

三类牌的开叫分别是：

坚实的开叫	开叫一阶花色
低限牌型开叫	开叫二阶花色
低限均型开叫	开叫 1NT

还有什么比这更自然呢？没有约定性的 2♣强开叫，没有约定性的弱 2◇，只有一系列自然含义的开叫。范托内斯体系的开叫如下：

1♣	14 点以上梅花套，或 15 点以上均型
1◇	14 点以上方块套
1♡	14 点以上红心套(如果同时持有黑桃套则是 11 点以上)
1♠	14 点以上黑桃套(如果同时持有红心套则是 11 点以上)
1NT	12~14 点均型
2♣	10~13 点梅花套
2◇	10~13 点方块套
2♡	10~13 点红心套
2♠	10~13 点黑桃套
2NT	21~22 点均型

更高阶次的开叫你可以自己选择，比如赌博性 3NT，那米亚茨(Namyats)等。

每一个开叫都有严格的牌型要求规则。这些是需要强调的：

1♣　　承诺至少双张梅花

“均型牌”类型包括任何一门低花五张的 5332 牌型

* 原注：本书中的“点”总是指 4-3-2-1 计点法的大牌点。

1◇	通常是五张套 但也可能是1–4–4–4或4–4–4–1牌型(单张黑花色)
1♡/1♠	表示五张以上套
1NT	包括适当牌力的以下牌型: 4333 4432 5332(五张任意花色) 5422(除54高花,那样的牌开叫一阶高花) 4441(深呼吸)的12~13点(持14点开叫1♣或1◇)
2阶花色	必须是非均型牌。也就是说,持六张套或有单张或缺门。第一、二家禁止用5422或5332开叫。
2♡/2♠	否定另一高花有四张。持双高花开叫1♡或1♠(或者持不合适的10~11点不开叫)。

因为一阶花色开叫没有上限，所以同伴即使持0点也必须叫牌。总的来说,应叫如下:

1阶:弱牌,自然叫。可以是0点。

2阶:强牌,大体是自然的。通常至少逼叫到局。

3阶:双套牌(至少5–5),逼叫到局。

这里有一些例外,但你将看到,无论是开叫还是第一应叫的原则都是尽早显示长套。但建立起进局逼叫局势以后,叫牌经常是非自然的,特别是使用接力叫时:要求同伴进一步描述的人为叫品。

范托内斯体系的哲学基础是:我们从自然的叫牌开始,以在竟叫中抢占先机;但在非竟叫的进程中,我们有时会使用接力技术以找到最佳定约。这一原则是本体系的基石之一。

结果是在超级自然的开叫背后有大量体系的细节。这需要学习:通过约定卡只能对体系有个整体的了解,但通过练习,一切都将水落石出。

1♣开叫

1♣表示15点以上的均型牌，或者14点以上有梅花套的非均型牌。

作为最低的开叫[①]，1♣在叫牌法发烧友中处于中心地位。这一开叫拥有最大的叫牌空间可资利用，成为赋予其更多含义的动机。很多现代叫牌体系都是这样，比如：

精确制： 16点以上任何牌型。

美国标准制： 自然叫，或者没有五张高花或四张方块的开叫牌

波兰梅花制： 弱无将牌，或中等牌力(15点以上)和梅花套，或任何18点以上的牌。

如此等等。要点在于最大限度地保留空间，使后续叫牌易于澄清开叫方的持牌。这本来挺好，但有时卑鄙的敌方会参与叫牌，并且把叫牌阶数抬得很高，这样开叫方就无法澄清他的[②]持牌。所有使用含糊开叫的体系都存在这一问题。

在敌方含糊的1♣开叫后利用一切机会介入叫牌是成功的策略。在上面的体系列表中，只有波兰梅花试图消解这一威胁。把低限开叫牌(弱无将)和强牌放在1♣开叫中，等于对敌方讲："你敢叫就叫，但是得小心点，因为这副牌可能是你们的，你们甚至可能有成局定约，如果你使用很轻的破坏性争叫，破坏的可能是你们自己的定约。"

① 原注：如果不算"不叫"的话——逼叫性不叫体系就不是这样，把不叫当作描述某种牌的开叫，因而在应叫序列中得到一个额外的叫牌空间。

② 原注：仅为方便起见，本书中提及牌手时均使用男性人称代词。

了不起的美国搭档保罗·索罗威（Paul Soloway）和博比·戈德曼(Bobby Goldman)清醒地意识到模糊1♣开叫存在的问题。在他们漫长的合作生涯中，一度曾打过强梅花体系，但他们决定仅在敌方有局的情况下使用。换言之，当敌方有局时他们用强梅花体系；敌方无局时用美国标准制。他们的理论是在有局时敌方对1♣开叫的破坏更为困难，本方有更多的机会从容叫牌。

范托内斯体系的1♣开叫当然也有模糊的问题：梅花套或者均型牌，虽然大概不会比其他流行体系更模糊。

偶尔这会导致2006年罗森布鲁姆杯赛上发生的结果：

北家开叫 双方无局	♠K 6 5 ♡A K 9 ♢8 7 6 4 3 ♣9 4	
♠8 ♡Q J 10 8 7 2 ♢— ♣K Q J 7 6 2	N W E S	♠A 9 7 4 3 2 ♡4 3 ♢10 9 5 ♣5 3
	♠Q J 10 ♡6 5 ♢A K Q J 2 ♣A 10 8	

西	北	东	南
	范托尼		努内斯
	不叫	不叫	1♣
4♡	加倍	全不叫	

北家首攻梅花，断送了一个防守赢墩；南家♣A取，断送了另一个。两个防家都很难在第一墩认识到庄家有个KQJ×××的梅花套。此后4♡打成，因为另一桌南家在1♢开叫后打成3NT(5♢也能打成)，14IMP不见了。

模糊的1♣开叫代价高昂。在西家机敏的4♡争叫后无法找到5-5配的方块定约。北家判断同伴持梅花套，所以攻了梅花。

强无将开叫也不轻松。只要西家简单争叫 4♡,南北家仍然无计可施。

这个牌例很好地说明了率先显示长套的重要性。1◇开叫几乎可以保证叫到成功的成局定约:其他开叫则将错失十张配合并导致可怜的结果。绝大部份情况下,范托内斯体系都能出色完成快速显示长套的任务:除了 1♣开叫之外的开叫都是完全自然的,使用者因此得到一次次的回报。1♣开叫是略微薄弱的环节,但与很多其他体系一样。

统计结果显示,1♣是范托内斯体系中表现最差的开叫(参见"范托内斯体系数据"一章)。较差的结果经常是与另一桌的强无将开叫比较得到的。1NT 开叫占优主要基于以下两个原因:

——强无将开叫使敌方难于争叫并找到配合

——1NT 开叫透露给敌方的信息较少

我们将在范托内斯 1NT 开叫的章节里继续讨论这个问题。

对 1♣开叫的第一应叫分为四类:

弱牌	1◇、1♡和 1♠都是转移应叫,牌力可以低至 0 点。1◇表示红心套,1♡表示黑桃套,1♠表示没有高花。
均型进局逼叫牌	1NT 表示任何 10 点以上的均型牌。
单套进局逼叫牌	二阶应叫承诺 10 点以上和 5 张以上套。
双套进局逼叫牌	三阶应叫表示 5–5 以上双套牌和至少进局的实力。

全部应叫列表如下:

1◇	0~11 点,4 张以上红心
1♡	0~11 点,4 张以上黑桃
1♠	0~11 点,无高花

下列应叫逼叫到局:

1NT	10 点以上,均型(包括五张低花的 5332 牌型)

2♣/♢/♡/♠	10点以上,五张以上套(否认5333牌型,见1NT和2NT应叫)
2NT	10点以上,五张高花的5332牌型
3♣	10~15点,5–5型,梅花加另一个套
3♢	10~15点,5–5型,红心加黑桃
3♡	10~15点,5–5型,红心加方块
3♠	10~15点,5–5型,黑桃加方块

在这些应叫之后，开叫方的再叫将表明他是1♣开叫的两种持牌类型中的哪一种:梅花套或均型牌。能在叫牌的早期澄清其模糊性,是非常令人满意的。

对1♣开叫的弱应叫

对1♣开叫的转移应叫在桥牌世界日益流行。对于应叫方显示高花套时保留更多叫牌空间很有意义。这一手段使开叫方得到一个之前不存在的叫品:持合适的牌接受转移。不同的体系(和不同的牌手)接受转移的持牌也不同,比如1♣-1♢-1♡,在范托内斯体系中1♡表示真实的支持,至少四张红心,或者非常强的均型牌:23点以上。

以11点作为一阶花色应叫的上限多少有点武断。范托内斯偶尔会持更强的牌,比如13点做一阶花色应叫。一种情况是持讨厌的4441牌型,唯一的其他选择是处理成均型牌应叫1NT:可以容忍但无法令人满意。

你可能已经注意到,一阶花色应叫与更高的叫牌有些牌力重复的情况,这使应叫方得以选择谁将成为庄家。比如你持:

♠×××　　♡A×××　　♢A K×　　♣10××

同伴开叫1♣。你要应叫1♢,因为每门花色的情况都差不多,在打最可能的3NT定约时,你肯定希望敌方朝同伴的牌首攻。但持下列牌时:

♠×××　　♡Q 10××　　♢K J×　　♣A J×

你的牌型和大牌点与上一手牌相同,但持这么多中间张,你乐于成为无将定约的庄家,因此对1♣应叫1NT。

范托内斯体系中有很多类似的情况,你可以选择如何展开。也就是说叫牌结构不是刚性的,使用的时候有更多的乐趣。正如我们将看到的那样,范托内斯体系在让正确的一手成为庄家上下了很大工夫。

这里有一个2009年法国公开队式赛上的例子:

范托尼	努内斯
♠A Q	♠7 6
♡Q 8 3	♡K J 9 7 4
◇A J 10 9 2	◇K 8 4
♣A 7 6	♣K Q 3

西	东
1♣	1◇
1NT	2◇
2♡	3NT
4♡	不叫

后面我们再讲这一叫牌进程的细节，但请注意努内斯的选择。他不愿意选择体系中的2NT应叫来显示5332牌型的进局逼叫，因为那样将使他成为3NT的庄家，暴露在黑桃首攻之下。他以稍稍高于体系规定实力的转移应叫，尽量保证自己成为明手。

1♣~1◇(0~11，四张以上红心)

开叫方的再叫分为以下几类：

4张支持(或23点以上)	以1♡接受转移
其他均型牌	再叫1NT、2NT或2♡
梅花套牌	做花色再叫

具体叫品为：

1♡	四张以上红心，任何牌力，或23点以上均型
1♠	自然并且逼叫，确认持梅花和黑桃套的非均型牌
1NT	15~18点均型，少于四张红心(持好的18点，可以再叫2♡或2NT)
2♣	14~17点，梅花套，不逼叫
2◇	18点以上，或者是自然叫，或者持六张以上梅花
2♡	19~20点，精确的三张红心支持

2♠	自然的进局逼叫,至少持六张梅花和四张黑桃
2NT	19~20 点均型,两张红心(或 4333 牌型三张红心)
3♣	近似埃柯体系(Acol)的二阶开叫,以梅花为将牌大约有八个赢墩

1♣—1◇—1♡(四张以上红心或 23 点以上均型)

绝大多数情况下,开叫方有四张红心支持。23 点以上均型牌通过下次叫最低的无将表示，此后的叫牌自然。23 点以上均型含 5332 牌型,五张套可以是高花。你仍然可以找到 5–4 高花配合,寻找 5–3 高花配合则通常不大必要。

应叫方的首要责任是显示一手贫穷的牌:0~5 点，你叫牌仅仅是因为不得不叫。“穷牌”的处理在范托内斯体系中是统一的。同伴做一阶花色开叫,你必须应叫,现在同伴再次逼叫,你还是不能不叫。在已知的任何花色上做低限再叫,显示持一手穷牌。

在本节的叫牌进程中,穷牌的叫品是简单加叫 1♡到 2♡。开叫方可以不叫,用 3♡进一步试探,叫新花色做长套邀叫。持 23 点以上的均型牌,开叫人再叫 2NT,此后的叫牌是自然的。

持 6 点以上,应叫方叫他的*短套*(最多两张),或者持 3433 牌型叫 1NT。后续叫牌同样是自然的,开叫方持 23 点以上均型叫无将,或者用其他叫品探索红心配合能叫多高。

“其他叫品”包括:

- 没有额外牌力,或者同伴的短套或无将叫牌未使持牌增值,叫回不逼叫的 2♡。
- 如果开叫方仍有兴趣进局,以新花色做进局试探。
- 如果开叫方持非常强的牌,跳叫 3♡,进局逼叫并邀请扣叫。
- 当然,持一手足以进局的牌并且对满贯没有真正的兴趣,只需简单叫 4♡。

叫牌示例

西		东
♠A J×	N	♠××
♡A Q J×	W E	♡K×××
◊A×	S	◊××××
♣××××		♣×××

西	东
1♣	1◊
1♡	2♡
不叫	

一个简单的穷牌叫到2♡的进程。

西		东
♠A J×	N	♠××
♡A Q J×	W E	♡K×××
◊A×	S	◊K J××
♣××××		♣×××

西	东
1♣	1◊
1♡	1♠
2♡	不叫

东家显示有些牌力，黑桃是短套。西家并不感到兴奋：他的♠J看起来没什么用，所以他决定停叫，东家没有更多的牌力，自然尊重这一决定。

西	东
♠A J×	♠×××
♡A Q J×	♡K×××
◇A×	◇K J××
♣××××	♣××

西	东
1♣	1◇
1♡	2♣
2◇	2♡
不叫	

梅花短套与西家的牌配合得好些，所以西以 2◇进一步试探；东家已叫足他的牌力，只有止叫。

西	东
♠A J×	♠×××
♡A Q J×	♡K××××
◇A×	◇K J××
♣××××	♣×

西	东
1♣	1◇
1♡	2♣
2♡	4♣
4◇	4♡
不叫	

这次，一旦西家表示有些兴趣，东家有足够的牌力进局，顺路以斯普令特报单缺。

♠A K Q J	♠×××
♡A×	♡K×××
◇A Q××	◇K J×××
♣A××	♣×

西	东
1♣	1◇
1♡	2♣
2NT	3◇
……	

西家显示是23点以上的均型牌，东家介绍他的五张方块套，现在西家可以开足马力了(7◇)。如果东家持五张红心和四张方块，他应该先叫3♡，稍后再叫方块。这个叫牌进程威力极大，因为应叫方可以在低阶显示牌型和实力。你可以与标准制的2♣开叫比较一下。

1♣—1◇—1NT

这一进程与标准制的1♣—1♡—1NT非常类似，只是牌力不同。你可以用自己熟悉的方法。

请注意，在范托内斯体系应叫方只是显示了红心套，并没有叫出红心套，所以你应该尽力让持强牌的开叫方主打最后定约。范托内斯体系的处理是：

2♣　　邀叫牌力或更好：开叫人叫2◇表示17~18点，进局逼叫。持15~16点，开叫人描述他的牌：2♡(三张红心)、2♠(四张黑桃)、2NT(没有三张红心或四张黑桃)。在2◇再叫后，应叫方叫2NT让开叫方描述他的牌，通常会使开叫方成为庄家。

你可能更习惯使用“双路重询”(2-way checkback)。2♣逼叫到2◇(应叫方之后可以不叫)，然后自然邀叫。

2◇　　再次转移到2♡（显示五张以上红心），之后应叫方可以不叫、叫新花逼叫到局，或以2NT邀请。

2♡　　转移到黑桃！这是个弱牌的叫品：应叫方描述五张红心和四张黑桃的弱牌。开叫方可以选择不叫，或者以2♠完成转移。

2NT　　逼叫3♣，准备打3♣或3◇的弱牌。

3♣/3◇　　自然叫，五张以上，进局逼叫。因为没有再次转移红心，暗示红心只有四张。

3♡　　另一个转移到黑桃的叫品，表示4–4高花，足够到局的实力。

1♣—1◇—2♡（19~20点，三张支持）

这是一个描述性的进程：应叫方很容易做决定。虽然满贯仍有可能，但不大像。问题通常是选择正确的部份定约或成局定约。

如果你准备打全套的范托内斯体系，需要采取如下措施尽可能确保强牌成为庄家：

2♠　　逼叫2NT：通常是准备加叫3NT，但应叫方也可以显示五张低花，或者再叫红心让同伴选择成局定约。

3♣/3◇　　短套试探。

3♡　　这个"加叫"是个化了装的转移叫！它表示黑桃套，通常是4–4高花，现在开叫方可以选择黑桃或无将定约。这一进程与上一节讲到的1♣–1◇–1NT–3♡相同。

⚠　　2♠"傀儡叫"（Puppet）和3♡"转移叫"不怎么直观。应叫方做过一次转移叫后再转移一次，可能感觉有点怪。你可以选择更为简单和自然的方法。

1♣—1◇—2NT(19~20 点，两张支持)

后续叫牌与 1♣-1◇-1NT 后类似：

3♣ 进局逼叫接力：开叫方做描述性叫牌，3♠表示四张套。

3◇ 再次转移 3♡(承诺五张红心，可能是六张)，此后应叫方可以不叫，叫新花色进局逼叫，或者叫 3NT 让开叫方选择。

3♡ 转移到黑桃，弱牌：应叫方显示四张黑桃和五到六张红心，非常弱的牌。开叫方可以不叫或以 3♠完成转移。

4♣/4◇ 典型情况是六张套，不愿打 3NT。

现在我们讲完了 1♣-1◇后所有开叫方持均型牌的再叫：1♡、1NT、2♡和 2NT。实际上，1♡再叫可以是五张梅花和四张红心的非均型牌，但上述其余几个叫品都表示均型牌。

其他再叫显示 1♣开叫持梅花套，基本上是自然叫。但我们还是来看一下。

1♣—1◇—1♠(自然叫，持梅花和黑桃套)

持穷牌的应叫方有三个选择：2♣、2♡和 2♠，都表示 0~5 点，愿意打这门花色。

在天平的另一端，应叫方持 10 或 11 点就足以进局，他以第四花色表示，这里是 2◇。

无将叫牌是自然的，不逼叫：1NT 大约是 6~7 点，2NT 是 8~9 点。

最后，跳叫三门已知花色梅花、红心和黑桃显示邀叫牌力。

总的来说，这一进程与标准制非常相似。你可以持低限牌止叫于某门花色，叫自然的无将，跳叫邀请；如果这些都不合适，叫第四花色。

1♣—1♢—2♣(14~17点,自然叫)

通常开叫方持六张以上梅花,但也可能是五张梅花和四张方块。这一进程与标准制的1♣-1♡-2♣几乎没有区别,后续叫牌也没什么特别。

1♣—1♢—2♢(18点以上,实叫或六张以上梅花)

应叫方再叫如下:

2♡/3♣	可怜的0~5点。
2♠	约定性进局逼叫:开叫方再叫3♣表示梅花单套;其他叫品是持方块套的自然描述。
2NT	表示0~5点的另一途径,这次是短梅花和长方块:应叫方在开叫方持梅花单套时愿意打3♣,持方块套时愿意打3♢。
3♢	五张以上方块的邀叫。

1♣—1♢—2♠(进局逼叫:六张梅花和四张黑桃)

因为有逼叫的1♠可叫,这一跳叫非常明确,显示至少6-4型和足以进局的牌力。

1♣—1♢—3♣(以梅花为将牌有八个赢墩)

正如始终贯穿于范托内斯体系的那样,开叫一阶花色,并在同伴可能的弱应叫后跳再叫原花色,表示强单套牌,牌力不足以逼叫到局。对于应叫方来说,停在成局定约之外的唯一途径是不叫:应叫方的任何再叫都是逼叫进局。在这一进程中,应叫方叫新花色(3♢或3♠)是"半自然"的,可能是为打3NT定约显示止张。与标准制的1♣-1♡-3♣差不多,只是点力有所调整。

叫牌示例

西	东
♠A K××	♠Q×××
♡K J	♡A 10×××
◇A Q××	◇××
♣×××	♣Q×

西	东
1♣	1◇
1NT	2♣
2◇	2NT
3♠	4♠
不叫	

应叫方在 1NT 再叫后使用人为的邀叫，开叫方以 2◇表示高限，应叫方用 2NT 问叫，找到黑桃配合，并且是由强牌一方做庄。

西	东
♠×	♠J××
♡A K×	♡××××
◇A Q××	◇K×××
♣A K Q××	♣××

西	东
1♣	1◇
2◇	3♣
3◇	5◇
不叫	

开叫方表示 18 点以上，梅花单套或梅花加方块。应叫方准备止

叫于 3♣，开叫人显示还有方块套(并且有额外牌力，否则他应该放过 3♣)，应叫方选择了最终定约。请尝试一下用标准制叫这手牌。

W	E
♠A××	♠Q×××
♡K Q×	♡A×××
◇K×	◇××
♣A K×××	♣Q××

西	东
1♣	1◇
2♡	3♡
3NT	不叫

开叫方显示 19~20 点有三张红心的均型牌。应叫方叫 3♡显示四张黑桃，开叫方选择 3NT 为最终定约。

W	E
♠A K××	♠××
♡K×	♡A×××
◇A×××	◇×
♣K Q×	♣A J××××

西	东
1♣	1◇
2NT	4♣……

开叫方显示 18~20 点没有红心支持。应叫方知道同伴至少有三张梅花，朝梅花满贯挺进。开叫方将运用你选择的满贯叫牌手段予以配合。

1♣—1♡(0~11 点,四张以上黑桃)

绝大多数进程的展开都类似于1♣–1◇。当应叫方持4–4高花时,他遵循“最便宜叫牌原则”(up–the–line)应叫1◇,就像使用标准制一样。

这里是一些与1♣–1◇后略有差异的进程:

1♣–1♡–2♡是自然的逆叫,显示梅花和红心套,18点以上。应叫方持穷牌时可以叫2♠、3♣或3♡,其他叫品都是进局逼叫。

1♣–1♡–1NT之后,2◇是转移到红心,表示5–4以上高花。开叫方的再叫是示选。类似的,应叫方再叫2♡是简单转移回黑桃。这些再叫在高一阶的1♣–1♡–2NT之后也一样。

1♣–1♡–2♠之后,3♠“加叫”是要求同伴叫3NT。这就是应叫方如何使开叫方成为无将定约的庄家。

1♣—1♠(0~11 点,没有高花)

开叫方的再叫与应叫方显示高花后近似,但这里没有花色可以支持。后续叫牌是:

1NT	15~18点,均型。
2♣	14~17点的梅花套,不逼叫。
2◇	18~20点,至少4–4低花,不逼叫。
2♡	包含三种可能,也许是整个体系中最复杂的部份: 23点以上均型; 18~20点的梅花长套,最多两张方块; 21点以上的梅花长套,有单张或缺门。
2♠	谢天谢地,只有两种可能: 18~20点的梅花长套和至少三张方块; 21点以上的梅花长套,没有短门。
2NT	19~20点,均型。
3♣	大约八个主打赢墩,类似埃柯二开叫。

3♢/♡/♠ 自然的进局逼叫，典型情况是持六张以上梅花和四张所叫花色。

1♣—1♠–1NT(15~18点，均型)

这就像标准制的1NT开叫，但我们已经知道了没有八张高花配合。所以，应叫方的再叫与标准制有所不同：

2♣/♢ 止叫！

2♡/♠ 7~11点，所叫高花为弱门。这是试探3NT，并警告所叫花色上可能存在的挡张问题。所叫高花有挡时，开叫方可以选择2NT(低限)或3NT(高限)，否则就尝试低花定约。

2NT 自然邀请。

3♣/♢ 自然邀请，一般是六张套。

3♡/♠ 5–4低花，所叫花色为短套，进局逼叫。典型的情况是(31)(54)牌型，开叫方很容易做决定。

1♣—1♠–1NT是范托内斯体系中很有威力的进程，因为很多信息已被揭示。这儿有个简单的实战牌例：

努内斯		范托尼
♠A 9 6 3	N	♠Q 5
♡A Q 9 3	W E	♡10 6 5
♢Q J	S	♢10 9 5
♣K 10 7		♣J 9 4 3 2

西	东
1♣	1♠
1NT	2♣
不叫	

范托内斯停在很好的2♣定约上。运气不错，拿到十墩。克劳迪奥和福尔维奥惯于拿到比别人更多的墩数。

在另一桌，法国国家队选手的叫牌和其他所有人一样：开叫 1NT 成为最终定约。在方块首攻下宕二，意大利队得 6IMP。

现在来看看 2NT 再叫正是时候：

1♣—1♠–2NT(19~20 点，均型)

与 1NT 再叫完全一样，只是高了一阶：

3♣/◇　止叫。

3♡/♠　5-4 低花，所叫花色为短套，进局逼叫。典型的情况是(31)(54)牌型。

你可能会奇怪为什么没有列出应叫方的四阶再叫。哦，这不是那么重要，4♣和 4◇是所叫花色温和的满贯试探，4♡和 4♠是对应低花的强满贯试探。这里有一个欧洲锦标赛上对抗一支顶尖荷兰队时的牌例：

范托尼 (W)	努内斯 (E)
♠A 8 3	♠6 2
♡A Q 10 7	♡8 4
◇8 5	◇A K Q 10 9 6 2
♣A K Q 4	♣10 8

西	东
1♣	1♠
2NT	4♠(加倍)
再加倍	4NT
5◇	6◇
不叫	

范托内斯的长处是使强牌成为庄家！对于这手牌，哪边做庄区别不

大，但持牌稍有变化，这一点就会很重要。比如西家持：♠A83 ♡KJ107 ♢J5 ♣AKQJ——你肯定不希望这手牌成为明手，第一墩就被穿梭红心。

这手牌福尔维奥有多次机会显示方块套（在1♣之后应叫2♢，在2NT之后叫4♢），但他没有那么叫。克劳迪奥用再加倍表示满贯兴趣和黑桃控制时，福尔维奥叫特博4NT显示偶数个关键张。由于没有♢Q，克劳迪奥以5♢止叫，但克劳迪奥知道满贯值得一搏，因为同伴不会在仅有一个A时表示满贯兴趣。

在另一桌上，2011年世界冠军，荷兰的维伊斯（Wijs）和穆勒(Muller)叫到3NT。

1♣—1♠–2♣(14~17点，自然叫)

应叫方的再叫与开叫方再叫1NT非常近似：

2♢	止叫。
2♡/♠	进局试探，所叫高花为弱门。
2NT	自然邀请。
3♣/♢	自然邀请。
3♡/♠	斯普令特，支持梅花。

1♣—1♠–2♢(18~20点，自然叫)

同样，这一进程的轨道也是自然的，后续叫牌非常类似：

2♡/♠	进局试探，所叫高花为弱门。
2NT	自然邀请。
3♣	止叫。
3♢	自然邀请。
3♡/♠	斯普令特，支持某一门低花。

现在到了深呼吸的时刻，让我们来看看：

1♣—1♠-2♡(23 点以上均型,或 18~20 点六张以上梅花和 0~2 张方块,或 21 点以上有短门)

幸运的是这一进程并不经常出现!开叫方的牌非常强,但应叫方的牌经常一无所有。应叫如下:

2♠ 4 点以上:同伴 21 点以上时足以进局。

2NT 0~3 点,持六张方块和一两张梅花:同伴可以选择 3♣ 或 3♢ 为最终定约。这一再叫可能导致开叫方持 23 点以上均型牌时由弱牌做庄,但非常少见。

3♣ 0~3 点,止叫。

3♢ 0~3 点,止叫,梅花非常短。

2♠接力后,开叫人的描述如下:

2NT 23 点以上均型,后续叫牌与 1♣—1♠-2NT 一样,只是这里已经逼叫到局。

3♣ 18~20 点梅花长套和最多两张方块。应叫方可以不叫、显示弱高花(实质上是问挡张)或者叫自然并且逼叫的 3♢。

3♢/♡/♠ 21 点以上,短门。

较为简单的处理方式是,定义 2♡ 为 23 点以上均型、梅花套的进局逼叫,或者梅花加红心的进局逼叫。应叫方以 2♠ 查明,开叫方再叫 2NT 为 23 点以上均型,3♣ 是梅花单套进局逼叫,更高的叫品都是显示红心套。

叫牌示例

西	东
♠Q J×	♠A××
♡A××	♡×
◇A K Q×	◇J×××
♣A K×	♣Q××××

西	东
1♣	1♠
2♡	2♠
2NT	3♡
4◇	4♠
6◇	不叫

开叫方显示 23 点以上均型后，应叫方表示 5–4 低花和红心短门。开叫方知道配合非常好,所以不难叫到满贯。请与标准制的 2♣–2◇–2NT 比较一下。使用范托内斯体系,在显示强均型牌之前,应叫方的一些牌型信息已在低阶被分享。这是个反复出现的主题。

西	东
♠A J×	♠×××
♡A K×	♡×××
◇×	◇×××××
♣A K Q J××	♣××

西	东
1♣	1♠
2♡	3♣
3◇	3NT
不叫	

应叫方的牌极弱。在开叫方表示了一手方块短门的极强牌后，应叫方承认他有方块“挡张”。

西	东
♠A K	♠Q××
♡×××	♡××
◇Q×	◇K J×××
♣A K Q×××	♣J××

西	东
1♣	1♠
2♡	2♠
3♣	3♡
4♣	不叫

开叫方显示18~20点长梅花短方块。应叫方表示红心薄弱，3NT得以避免，而叫到5♣牌力不足。

1♣—1♠–2♠（18~20点六张以上梅花和3~4张方块，或21点以上梅花套无短门）

这里和1♣–1♠–2♡很像，但后续叫牌简单些：

2NT　6点以上，进局逼叫。开叫方持18~20点时叫3♣或3◇，持21点以上做更高的自然再叫。

3♣/◇　0~5点，自然止叫。

⚠ 将2♠当作自然的进局逼叫也是一个选择。因为应叫方已经否认持有高花套，开叫方可能是6–5型或者有待自然描述的极强牌。

叫牌示例

西	东
♠A	♠xxx
♡A Jx	♡xxx
◇Qxx	◇Kxxxx
♣A K Jxxx	♣xx

西	东
1♣	1♠
2♠	3◇
不叫	

应叫方显示面对18~20点的牌打3◇的愿望。

西	东
♠A	♠Qxx
♡xxx	♡A Qx
◇A K Qx	◇Jxxxx
♣A Kxxx	♣xx

西	东
1♣	1♠
2♠	2NT
3◇	4◇
4♠	5◇
6◇	不叫

应叫方显示进局实力，接着加叫同伴的方块。5◇表示奇数个关键张，于是开叫方叫到满贯。

1NT 应叫：均型进局逼叫

因为开叫相当强，1NT 应叫被处理为进局逼叫。均型牌的 1NT 应叫包括持五张低花的 5332 牌型，偶尔会是 4441 牌型。每个叫牌体系爱好者都知道，4441 牌型是个怪兽：不是严格意义上的均型牌，但又没有五张套可叫。持 10~11 点的 4441 牌型，尽量应叫一阶花色，避免描述有偏差的 1NT 应叫。

开叫方的再叫将区分出 1♣开叫的两种基本类似：均型牌还是梅花套的非均型牌。4441 牌型（总是四张梅花）在这儿也是个难题：是“均型牌”，还是“梅花套的非均型牌”？开叫方需要做决定，可能取决于单张是不是大牌。

1♣–1NT 之后开叫方的再叫原则很简单：持均型牌再叫 2♣，非均型牌叫其他：

2♣	任何均型牌，包括五张低花的 5332，4441 牌型随意。
2♢	18 点以上，非均型。
2♡	14~17 点，梅花和红心套。
2♠	14~17 点，梅花和黑桃套。
2NT	14~17 点，梅花和方块套。
3♣	14~17 点，梅花单套（至少六张）。
3♢/♡/♠	18 点以上，自然叫，6–4 型。

1♣–1NT–2♣(均型)

两手牌都是均型,所以后续叫牌很简单;虽然某种程度上讲范托内斯体系中没有“简单”二字。应叫方的再叫如下:

2◇	任何 13 点以上的牌。
2♡	10~12 点,四张红心:后续发展自然。
2♠	10~12 点,四张黑桃:后续发展自然。
2NT	10~12 点,无四张高花和五张低花。
3♣	10~12 点,五张套。
3◇	10~12 点,五张套。

这是一个你不愿意过度描述的进程。绝大多数时候你只是先找 4–4 高花配合,找不到就叫 3NT:给敌方过多的精确信息不是好事。

下面是一个欧洲锦标赛上对抗土耳其队的牌例。整手牌如下,打牌也值得一看:

南家开叫 双方有局	♠10 8 6 4 ♡A 5 3 ◇Q 5 4 ♣A J 7	
♠7 5 3 ♡J 10 9 6 ◇J 8 2 ♣6 3 2	N W E S	♠J 2 ♡Q 7 4 ◇A 7 3 ♣K Q 10 9 4
	♠A K Q 9 ♡K 8 2 ◇K 10 9 6 ♣8 5	

西	北	东	南
	努内斯		范托尼
			1♣
不叫	1NT	不叫	2♣
不叫	2♠	不叫	4♠
全不叫			

东家当然首攻♣K。克劳迪奥吃住，调将之后飞失方块给◇J，但仍有时效树立起方块垫掉红心输张，得到十墩。也许红心首攻能打宕定约，但东家不知道。

另一桌的叫牌可能太简单了：南家开叫1NT，北家加叫到3NT。

北家持4333牌型，不愿使用斯台曼。

对付4♠，攻红心有机会打宕，攻梅花将会打成。恰恰相反，对3NT攻梅花能宕但西家首攻了红心。

但这还没完，因为防守方是了不起的挪威搭档盖尔·海尔格莫(Geir Helgemo，西家)和托尔·海尔尼斯(Tor Helness，东家)。庄家♡K得，兑现三轮黑桃，打方块到◇Q：海尔尼斯平静地忍让他的◇A，因为他知道那是通往他的梅花的进张。

庄家像你我一样，再打方块到◇10。现在一切都结束了：海尔格莫在同伴还有◇A时找到了梅花换攻，宕一。

1♣–1NT–2♣–2◇(13点以上)

这一进程下，联手有相当的额外实力，总牌力至少是28点，所以值得发掘更多细节。

开叫方的再叫是：

2♡	15~17点，四张红心：后续叫牌自然。
2♠	15~17点，四张黑桃：后续叫牌自然。
2NT	任何18点以上。
3♣	15~17点，五张梅花。

3◇	15~17 点，五张方块。
3♡	15~17 点，2344 牌型。
3♠	15~17 点，3244 牌型。
3NT	15~17 点，有一个四张低花的 4333 牌型。

⚠ 如果你觉得这些太难记，可以在显示牌力的 2◇ 之后回到自然叫。

叫牌示例

♠A J××	N	♠Q××
♡K Q××	W E	♡A××
◇A×	S	◇J×××
♣K J×		♣A××

西	东
1♣	1NT
2♣	2NT
3NT	不叫

开叫方知道同伴的牌力不会超过 12 点,所以没有满贯。整个叫牌过程没有透露任何花色的信息。

♠A Q J×	N	♠K×
♡K×	W E	♡A×××
◇K J××	S	◇A Q××
♣Q××		♣K××

西	东
1♣	1NT
2♣	2◇
2♠	2NT
3◇	4NT
5♡	6◇
不叫	

应叫方显示 13 点以上,开叫方显示持 15~17 点黑桃套,应叫方进一

步询问，开叫方表示还有方块套，这已足够叫到满贯。

♠A K Q×	♠J×××
♡K J××	♡A Q××
◇K	◇A Q×
♣Q J××	♣××

西	东
1♣	1NT
2♣	2◇
2NT	3♡
4◇	4♡
不叫	

开叫方把他的牌处理为均型。发现红心配合之后，开叫方以扣叫 4◇ 表示出来。范托内斯的扣叫表示第一或第二轮控制。这告诉了应叫方梅花有两个输墩，于是他们得以安全地停在成局水平。

1♣–1NT–2♡/♠（14~17 点，自然叫）

多数情况应叫方会以 2NT 接力，让开叫方以自然的方式完成描述：3♣表示第六张梅花；再叫高花表示 5–6 型；新花色也是显示形状，一般是 5431 牌型；加叫 3NT 表示 5422 型。

1♣–1NT–2NT（14~17 点，方块套）

这一进程后，应叫方可以用 3♣接力。开叫方再叫 3◇ 表示低花有额外长度（至少 64 或 65 型），以避免越过 3NT。叫高花是对那门高花的形状描述，3NT 是 5422 牌型。

1♣–1NT–2◇(18 点以上非均型)

这里2♡是应叫方的接力,开叫方描述他的牌型:

2♠　黑桃套:应叫方可以继续以2NT接力,后续与1♣–1NT–2♠–2NT相同。

2NT　方块套:应叫方可以继续以3♣接力,后续与1♣–1NT–2NT–3♣相同。

3♣　梅花单套。

更高叫品　红心套。就像1♣–1NT–2♡–2NT后的答叫一样(这里不会有六张梅花和四张红心的情况,因为那种牌在1NT后直接跳叫3♡)。

在所有的进程中,开叫方显示了牌型之后,都由均型牌的一方掌控叫牌。这一原则与各种接力体系一样:均型牌的一方了解配合的情况,特别是同伴表示5431牌型之后。

范托内斯体系中有些进程是用人为叫牌显示额外实力,比如这里的2◇再叫。这对澄清可以叫到多高有帮助,但不是绝对必要的。在1NT应叫之后让2◇、2♡和2♠成为自然叫(没有上限),也是完全可行的选择。

二阶应叫:有一个长套的进局逼叫

二阶应叫表示有一个长套的进局逼叫牌。2♣、2♢、2♡和2♠都是自然叫,并且否认5332牌型。持五张低花的5332牌型应叫1NT,持五张高花的5332牌型应叫2NT。

开叫方的再叫首先澄清他持均型牌还是梅花套。持均型牌再叫2NT(除了对2♣应叫用2♢再叫表示均型),梅花套的牌做描述性的自然叫牌。

1♣–2♣(10点以上,自然叫)

这里略有一点不同寻常:1♣开叫包括均型牌和梅花套两种类型的牌,当同伴应叫自然的2♣时,你觉得开叫方持哪种类型牌的机会大?是的,90%以上的情况开叫方持均型牌,而不是非均型的梅花套。所以用最低的叫品表示均型牌很有意义。

依照这一理念,开叫方的再叫如下:

2♢	人为的叫品,表示均型牌。
2♡/♠	自然叫,持梅花套。
2NT	表示方块而非梅花套,5332牌型五张方块。
3♣	自然的加叫,至少持五张梅花,可能还有四张方块。
3♡/♠	斯普令特。

后续发展都是自然叫牌。

这儿有个很酷的牌例,取自2004年奥林匹克锦标赛:

范托尼	努内斯
♠Q 6 3	♠K 8 5
♡J 10 2	♡8
◇K 9 6 3	◇A Q
♣A K Q	♣J 10 9 8 6 3 2

西	东
1♣	2♣
2◇	3♣
3◇	3♠
4♣	4◇
4NT	5♣
不叫	

这一叫牌进程有三个清晰的阶段。第一阶段是基本持牌类型描述：2◇表示均型，3♣表示单套梅花。

第二阶段是试探3NT：3◇和3♠显示挡张，提示范托尼红心上的漏洞。

第三阶段是顺路的满贯试探：4◇扣叫，4NT是“特博”，表示偶数个关键张。缺少两个关键张，努内斯停在完美的5♣上。

意大利队在这副牌上的收益如何？输4IMP！另一桌的香港选手是这么叫的：1◇-3♣-3NT。乔治奥·杜伯恩(Giorgio Duboin)持♡AKQ××，但不是他首攻。他加倍，同伴却没能领会他的意图，攻了梅花。九墩。

六年后，巴菲特杯双人赛(Buffet Pairs)上，历史再度重演：

范托尼	努内斯
♠A 10 3	♠K Q 6
♡A K Q 8	♡—
◇A 8 7	◇6 4
♣K 8 3	♣Q J 10 7 6 5 4 2

西	东
1♣	2♣
2◇	3♣
3◇	3♠
4♣	4♡
4♠	4NT
6♣	不叫

有趣的是前七个叫品与 2004 年那手牌完全一样。接着努内斯扣叫 4♡,并在 4♠之后以 4NT 表示偶数个关键张(零是偶数)。

这次他们叫到正确的定约只输了 2IMP。另一张桌上，鲍伯·哈曼(Bob Hamman)开叫 2NT,齐亚(Zia)显示了梅花套后叫到 6♣。哈曼基于他的牌适合打无将改为 6NT。同样不是杜伯恩首攻,他持◇Q10×××。同伴没有找到方块首攻,6NT 轻松打成。

2016 年,范托内斯再用到这个进程时可能会不赔不赚。

1♣–2◇/♡/♠(10 点以上,自然叫)

与 1♣–2♣后类似,开叫方的再叫是自然的,只是这里持均型牌时再叫 2NT。叫新花色表示梅花套和所叫套。

反对! 迫使应叫方持好牌跳叫到二阶只会阻击你们自己,慢些叫会更好。“渐进逼叫”怎么样?

反对无效,因为应叫方吐露的信息超出你的所想。看看标准制中同等的进程:1♣–1♠–1NT。叫牌确实很低,但应叫方传递的信息也更少:他只表示了四张黑桃和六点以上。只有通过第二甚至第三次叫牌,他才能表示出长度和牌点。

而且,在范托内斯体系中,某些特定牌型的牌已经被排除在跳应叫之外。没有绝大多数 5–5 型牌:那些牌将在三阶应叫。二阶花色应叫也不包括5332牌型的牌：五张高花的5332型应叫2NT，五张低花的5332型处理为均型应叫1NT。这些都缩小了二阶花色应叫的牌型范围。

开叫方的叫牌有时确实会受到阻碍，但我们发现这不是常见的情况。第十二届奥林匹克桥牌锦标赛上出现过这一问题：

努内斯		范托尼
♠K 8		♠A Q 10 9 7 4
♡K Q 9 8 7 4	N W E S	♡5
◇A K 5 3		◇Q 5 2
♣8		♣A Q 7

西	东
1♡	2♠
3◇	3NT
不叫	

背景略有不同(开叫是1♡而不是1♣)，但原理是一样的。范托尼被迫应叫2♠，使自己缺少介绍长而强的黑桃和梅花挡张的空间，结果是丢了极好的黑桃满贯。我想我必须接受体系这点小小的缺陷。

让我们回到对1♣开叫的2阶花色应叫。体系在此进程后有些需要了解的内容：

1♣–2◇/♡/♠–2NT(均型)

后续叫牌大部份是自然的，不过范托内斯体系增加了一个人为的3♣叫品表示有额外牌力。这有助于搭档间确定可以叫多高。

3♣	任何13点以上。
3◇/♡/♠	自然叫，但牌力限制于10~12点的范围内(重叫原花色承诺至少六张)。
3NT	10~12点，在二阶高花应叫后暗示有四张梅花(因为不可能是5332)牌型。

同样,后续发展是自然的,但现在开叫方对联手的牌力有更准确的认识。

3♣再叫是人为显示额外牌力的另一个例子（就像1♣-1NT-2◇),如果你想将体系中的人为叫品最少化,可以舍弃这一约定回归自然叫。

1♣-2NT(10点以上,持五张高花的5332牌型)

开叫方有两种反应,多数情况他想知道同伴持哪门高花。

但有时并非如此:比如持2245或33(34)牌型,他可以直接加叫2NT到3NT。另一个情况是他持很长的梅花套或者56低花。持这样的牌他叫3◇,确立梅花为将牌,后续进入扣叫进程。

通常开叫方想对同伴的牌了解多些,他再叫3♣。应叫方以下列叫品澄清:

3◇	10~12点红心套。
3♡	10~12点黑桃套。
3♠	13~15点红心套。
3NT	13~15点黑桃套。
4♣	16点以上红心套。
4◇	16点以上黑桃套。

你可以看到这一再叫组合设计可以让开叫方主打应叫方的长套花色定约。在3◇或3♡后,开叫方可以叫应叫方的长套确定将牌,并开始扣叫。在显示更强牌力的叫品之后，开叫方可以止叫于应叫方的长套，或者叫新花色提前扣叫。

任何时候开叫方叫3NT都是想打。

叫牌示例

西	东
♠A Q××	♠K J×××
♡A K J	♡Q××
◇J×	◇Q××
♣K Q××	♣A×

西	东
1♣	2NT
3♣	3♡
3♠	4♣
4♡	4♠
不叫	

开叫方揭示了应叫方的长套和牌力后，确立黑桃为将牌。当开叫方否定方块控制(越过 4◇)时，他们停在安全的成局定约上。

西	东
♠Q J×	♠A×
♡A J×	♡K Q×××
◇K×××	◇Q××
♣A××	♣K Q×

西	东
1♣	2NT
3NT	4NT
不叫	

开叫方没有使用问叫而选择了 3NT。应叫方的牌太强了，不能放打。他示量加叫 4NT，但开叫方没有更多要说的了。

三阶应叫：持两个五张套的进局逼叫

总的来说，范托尼斯体系的风格是好牌慢叫。但为了分担其他叫品的压力，三阶花色应叫是非常清晰明了的。在范托尼斯体系一阶开叫后，三阶花色应叫表示双套型牌。

双套牌共有六种组合，其中三种组合通过3♣处理。其他三个应叫表示另外三种组合。

1♣–3♣（10~15 点，5–5 型，梅花和另一套）

开叫方用 3◇接力问另一套，应叫方自然答叫：

3♡	梅花加红心。
3♠	梅花加黑桃。
3NT	梅花加方块。

现在开叫方可以止叫于 3NT 或四阶高花。4♣是确立梅花为将牌要求开始扣叫，新花色是配合应叫方另一套的扣叫。例如：1♣–3♣–3◇–3♠，4◇或 4♡是确定黑桃为将牌的扣叫。

1♣–3◇（10~15 点，5–5 型，红心和黑桃套）

1♣–3♡（10~15 点，5–5 型，红心和方块套）

1♣–3♠（10~15 点，5–5 型，黑桃和方块套）

后续叫牌是自然并且直观的。开叫方可以：

——止叫于任何成局定约。

——以 4♣提议梅花为将牌。

——在成局水平以下叫应叫方的花色确定将牌,并开始扣叫。

(例如:1♣–3◇–3♡或 1♣–3♡–4◇)

——在 3♡或 3♠应叫后叫另一高花,是配合应叫方高花的整体满贯试探:1♣–3♡–3♠或 1♣–3♠–4♡。

不叫过的变化

不叫过的一方的应叫变化不大,但还是有些不同。

对 1♣的一阶花色应叫完全相同,因为这些牌本来就不够开叫。

1♣–1NT–2♣–2◇本来是显示 13 点以上，但不叫过的牌不可能有 13 点,所以就简单用来 10~11 点五张方块。

对 1♣的二阶花色应叫已完全不需要。范托尼斯体系中的二阶开叫表示 10~13 点五张以上套，这意味着曾不叫过的一家不可能对第三家或第四家的 1♣开叫逼叫到局。所以不叫过的二阶花色应叫表示 8~9 点和一个得体的六张套。开叫方可以不叫,或者再叫不逼叫的 3♣,除此之外都是进局逼叫。

三阶花色应叫(如 1♣–3♣)也不再需要,因为持 10 点以上的 5–5 两套,范托尼斯体系总是开叫,多数时候是开叫二阶花色。

1♣开叫后敌方插叫的处理

正如本章开始时说过的那样，1♣开叫很容易受到干扰。所以对如何处理必须有约定。

1♣–(加倍)

因为1♣开叫的低限牌力比标准制多三点，所以应叫方自由叫牌的牌力要求也相应降低。这需要一点时间来习惯……

再加倍　7点以上，后续叫牌类似于标准制的1♣开叫被加倍后。

1♢　4~5张红心，至少5点。但后续叫牌与非竞叫时不同，原因是：由于敌方的加倍，你方不像有非常好的红心配合，而且你要警惕敌方再次叫牌。

假设第四家不叫，开叫方的再叫如下：

1♡　三张支持，不逼叫(14~17点)。

1NT　15~18点均型，但没有三张支持。后续叫牌可保持原意，这是少数几个在竞叫中后续叫牌不变的地方之一。

2♡　四张支持，不逼叫(14~17点)。

2NT　19~20点均型，可以有三张红心。

3♡　四张支持，18点以上，准备叫到局。

其他叫牌保持原意。

1♡　4~5 张黑桃，至少 5 点。后续与 1◇应叫后类似。

1♠　五张梅花，有限牌力，约 5~9 点。

1NT　五张方块，有限牌力，约 5~9 点。

2♣　10 点以上梅花套，逼叫到局。

2◇/♡　转移叫，表示上一级花色是六张以上套。这是为了在阻击敌方的同时使开叫方成为庄家，让加倍的敌方首攻。

⚠ 这些转移叫都不是必不可少的。至少在刚开始练习的时候，你可以使用你所熟悉的方式。

1♣–(1◇)

这里的概念与加倍后类似，虽然因为敌方叫出了一门花色而略有不同。

加倍　6 点以上，至多有一个四张高花套。

1♡　五张以上黑桃。

1♠　五张以上红心（范托内斯体系总是致力于让强牌成为庄家！）。

1NT　自然叫，不逼叫。

2♣　10 点以上梅花套，逼叫到局。

2◇　4–4 高花，至少邀叫实力。

⚠ 你肯定不希望忘记“变换高花”应叫，如果你可能记不住，就不要用它！

1♣-(1♡)

这里只有一个未叫高花,你也许能猜到应叫方式:

加倍	4~5 张黑桃。
1♠	否定黑桃套和好的红心挡张,所以是对低花感兴趣。
1NT	自然叫,不逼叫。
2♣/♢	自然叫,10 点以上,进局逼叫。
2♡	6 张以上黑桃。

在范托内斯体系中,敌方对 1♣争叫 1♠后的应叫并无特别。加倍是标准的负加倍(Negative Double),暗示有红心长度;在二阶叫一门花色是自然的进局逼叫。

第四家插叫的情况

对直接位置插叫的讨论到此为止。应叫方用一阶花色应叫表示0~11点,第四家插叫后怎么办?

第四家插叫后,叫牌回到自然方式。开叫方要小心,因为应叫方尚未显示有任何实力。例如:1♣-1◇,敌方争叫1♠,开叫方再叫1NT的牌力应该高于原本的15~18点,17~20点比较合适。

还有一个进程也是有危险的,1♣-1◇(比如),敌方加倍。假设加倍表示对红心的技术性加倍,一个很好的约定。像非竞叫进程下一样再叫1♡逼叫是不合适的。1♡定约可能是你们在暴风雨中唯一的港湾。所以再叫调整为:

不叫	自然地,没什么可叫,少于三张红心。
再加倍	18点以上。
1♡	至少三张红心支持,不逼叫。
1♠	自然叫,不逼叫,当然同时还有梅花套。
1NT	充足的牌力,大约17~20点。
2♡	好牌,四张红心支持,但不逼叫。

1◇开叫

1◇开叫表示14点以上非均型牌,至少四张方块。

我们现在从错综复杂的1♣开叫转到风平浪静的1◇。对范托内斯体系来说,相当强的、自然的、非均型的1◇开叫是IMP重要来源:统计表明是所有开叫中最成功的。为什么?因为它传递的初始信息远远超出标准制牌力的要求更低,可能只有三张的1◇开叫。范托内斯体系的1◇开叫通常持五张以上方块,虽然也可能是单张黑花色的4441牌型。

与所有一阶花色开叫一样,1◇开叫的同伴被逼应叫,即使只有牌力是0点。这把我们引向:

> **反对**!迫使我持零点牌应叫,经常会使我们在没有充足牌力的情况下叫得过高。听起来很有道理,但真的如此吗?范托内斯体系一阶花色开叫的低限是14点,应叫的低限是0点,联手的最低牌力是14+0=14点。

现在假设你使用标准制。许多人持11点开叫是家常便饭:保守的牌手持11点的均型牌会不叫,但很多牌手不是这样。应叫方通常持5点牌会应叫,有时更少,所以标准制联手牌力的低限是11+5=16点。

差异只有两点,而经验告诉我们它带来的负面影响要小于你的收益。从另一个角度看,如果你们的联手牌力是14+0点,对于这手牌来说意味着什么?敌方很可能做成成局定约。很多时候,你方开叫后敌方会争叫,解除了应叫方的叫牌义务。而且如果应叫方被迫持0点应叫,敌方叫到他们的成局定约将困难得多。

更有疑问的话题在于范托内斯体系中持类似 18+0 这类牌力组合。现在敌方大概没有成局定约，被逼应叫可能使范托内斯体系叫得略高。这确实可能发生，但范托内斯体系中有很好的机制，比如葛兹里(Gazzilli)约定来处理这类情况。

总的来说，一阶花色开叫逼叫有利可图。它给敌方带来的麻烦远多于带给自己的。

这是一个典型牌例：

南家开叫
东西有局

	♠9 5 3 ♡9 6 ◇9 4 2 ♣Q 9 8 4 3	
♠10 7 ♡A 8 5 3 ◇7 6 3 ♣A K 10 7	N W E S	♠A Q J 8 6 4 2 ♡J 7 2 ◇10 5 ♣2
	♠K ♡K Q 10 4 ◇A K Q J 8 ♣J 6 5	

西	北	东	南
布鲁吉朗	范托尼	塞兰斯门德	努内斯
			1◇
不叫	1NT	2♠	不叫
3◇	不叫	3♠	全不叫

另一桌：

西	北	东	南
沃萨奇	海尔尼斯	劳利亚	海尔格莫
			1◇
不叫	不叫	3♠	不叫
4♠	全不叫		

请看北家具有双重影响的1NT应叫，它表示0~9点。在第一桌，它改变的叫牌的节奏，东西方停在舒服的部份定约上，拿到九墩。在第二桌，北家不叫不仅把东西方推上了4♠，而且告诉了劳利亚该怎么打！他击落了南家的单张K，因为他认为如果K在北家，他可能会应叫。

对1◇的初次应叫可分为以下几类：

弱牌	1♡、1♠、1NT和3◇都是自然叫，牌力可以低至0点。2◇也是弱应叫，表示某些特定类型的弱牌。
持高花套的进局逼叫	2♡、2♠和2NT都表示高花套，结构类似于1♣开叫后的应叫。
双套牌的进局逼叫	三阶花色应叫(除3◇外)表示至少5-5两套牌，就像1♣开叫后一样。
其他进局逼叫	2♣是人为的进局逼叫，包括三张持牌类型：均型、梅花套或方块套。

1◇开叫逼叫，应叫方的选择有：

1♡	0~9点，四张以上套。
1♠	0~9点，四张以上套。
1NT	0~9点，无高花套。
2◇	0~5点，五张以上黑桃，四张以上红心。
3◇	0~5点，四张以上方块。

其他应叫都逼叫到局：

2♣	10点以上，均型，梅花套或方块加叫。
2♡/♠	10点以上，至少五张套(非5332牌型，见2NT)。
2NT	10点以上，五张高花的5332牌型。
3♣	10~15点，5-5型，红心和黑桃套。
3♡	10~15点，5-5型，红心和梅花套。
3♠	10~15点，5-5型，黑桃和梅花套。

你会注意到有一些叫品与1♣开叫后非常相似……是的，2♡以上应叫的设计理念与1♣开叫后的完全一样。一阶应叫是弱牌，并且是自然的：没有空间使用转移叫。

对1◇的弱应叫

1◇–1♡(0~9点,四张以上红心)

到这里为止非常自然。开叫方的很多再叫也同样是自然的:

1♠	14~17点,自然叫,不逼叫。
1NT	18点以上,非均型。
2♣	14~17点,自然叫,不逼叫(至少五张方块和四张梅花)。
2◇	14~17点,自然叫,不逼叫,六张以上方块。
2♡	14~16点的加叫(通常是四张红心)。
2♠	进局逼叫,六张以上方块,四张以上黑桃。
2NT	进局逼叫:单套方块,或5–5以上低花,或逼叫到局的红心加叫。
3♣	16~17点,5–5低花,很好的主打牌力。
3◇	大约八个主打赢墩,类似埃柯二开叫。
3♡	17~18点,四张支持。

在开叫方14~17点再叫之后,叫牌没有什么特别。联手牌力被限制在大约26点以内,所以应叫方倾向于持穷牌(0~5点)止叫,或持好一些的牌发掘成局定约。

但1NT再叫给了我们对范托内斯体系葛兹里风格的第一次体验,虽然它并非严格意义上的葛兹里进程。

1◇–1♡–1NT(18点以上，非均型)

首先请记住持五张低花的5332牌型我们开叫1♣。这就是强1NT再叫是非均型牌的原因：要么是六张方块，要么是5–4型。

应叫方的下一个任务是揭示他的牌力：0~5点还是6~9点。大多数，不是全部6~9点牌通过人为的2♣进局逼叫展开。应叫组合如下：

2♣	6~9点，除了下面列出的6~9点牌再叫外的任何牌型。
2◇	0~5点，止叫。
2♡	0~5点，止叫。
2♠	6~9点，五张红心，四张黑桃。
2NT	6~9点，3433牌型。
3♣	0~5点，止叫(典型牌型是四张红心六张梅花)。

在应叫方的再叫之后，开叫方可以自然描述他的持牌。实际上，由于早期的叫牌已经传递了很多信息，你会发现有足够的空间来探索部份定约、成局定约或满贯。

1◇–1♡–2NT(进局逼叫)

应叫方现在必须叫3♣，等开叫方揭示他是哪种类型的进局逼叫。开叫方的描述如下：

3◇	方块单套。
3♡	逼叫到局的红心加叫。
3♠	方块加梅花双套牌。

1◇–1♠(0~9点，四张以上黑桃)

其后的发展当然很近似1◇–1♡。只有两点值得注意。

1◇–1♠–2♡表示六张方块和四张红心的强牌，与1◇–1♡–2♠概念相同。牌型差一些，比如持 54 型牌，你再叫 1NT。

1◇–1♠–2♣的进程中，开叫方的方块长度令人怀疑，他有可能是 1–4–4–4 牌型。

可能是 1–4–4–4 牌型会不会导致错失红心配合？不会……让我们看看以下三个进程：

1◇–1♠–2◇–2♡

1◇–1♠–2♣–2♡

1◇–1♠–1NT–2♡

这几种情况下，应叫方的叫牌都表示同一类牌：五张以上黑桃和四张以上红心，6~9 点。这正是古怪的 1◇–2◇应叫的作用。2◇应叫表示少于 6 点的一手弱牌，至少五张黑桃和四张红心。这使范托内斯体系可以恰到好处地处理这类尴尬的牌：持这种牌型的弱牌可以用一个 2◇应叫描述清楚。持更强的牌，可以慢慢叫。多么灵活。

最后，你认为这个进程是什么意思？

1◇–1♠–3♡？

3♡是斯普令特，红心单缺的强加叫。范托内斯体系在需要的时候经常使用斯普令特——例如本书的第一个牌例。我没有把它们全部列出来，但你可以安全地假定比显示长套的叫牌高一阶的跳叫是斯普令特。

叫牌示例

西	东
♠A××	♠Q××
♡A Q×	♡××××
♢A Q 10×××	♢K×
♣×	♣K×××

西	东
1♢	1♡
2♢	3♢
3♡	3NT
不叫	

开叫方做自然而不逼叫的再叫，应叫方加叫邀请。开叫方接受，并显示三张红心支持，应叫方选择3NT。持方块长套和同伴高花三张支持的强牌，对打标准制的牌手是个噩梦*。比如，持这两手牌的叫牌进程将是：1♢-1♡-3♢-3NT，现在开叫方会因为没能显示红心支持而极不舒服。但在范托内斯体系中，更强的开叫通常会使叫牌进程慢一些，允许描述得更清楚。

西	东
♠A K J×	♠10××
♡×	♡J×××
♢A Q×××	♢×
♣K××	♣×××××

西	东
1♢	1♡
1♠	不叫

* 原注：达到了这样的程度——美国《桥牌世界》杂志称之为“桥牌世界噩梦牌”。

谁说范托内斯体系总是使你叫得太高？偶尔也会停在一阶花色上，这是可能的。打标准制，不那么容易打上 1♠！

西 (W)	东 (E)
♠A K××	♠××
♡×	♡Q×××
◇A Q J××	◇K×
♣A K J	♣Q××××

西	东
1◇	1♡
1NT	2♣
2♠	3♣
4♣	4◇
6♣	不叫

在早期建立起进局逼叫局势之后，自然的叫牌揭示了梅花配合。当应叫方以方块扣叫呼应时，开叫方足以叫到满贯。

西 (W)	东 (E)
♠×	♠A××××
♡K Q××	♡A×××
◇K Q J××	◇××
♣A J×	♣××

西	东
1◇	1♠
2◇	2♡
3♡	4♡
不叫	

应叫方描述了他的牌型和大约 6~9 点，开叫方邀请，应叫方接受。

西	东
♠—	♠Q×××
♡Q×	♡K××××
◇A K Q×××	◇×
♣A K Q××	♣J××

西	东
1◇	1♡
2NT	3♣
3♠	4♣
4◇	4♡
4♠	4NT
6♣	不叫

开叫方先做进局逼叫，然后显示了强低花两套牌。应叫方确定梅花为将牌并扣叫红心。

1◇–1NT(0~9 点，无高花)

因为两门高花都没有出现，这是个非常简单的进程。开叫方经常会在1NT 后不叫，但如果他叫牌的话……

2♣	葛兹里，或者是 14~17 点的方块和梅花套，或者是 18 点以上的非均型牌。
2◇	14~17 点，不逼叫：六张以上方块，也可能是五张方块加一个四张高花。
2♡	进局逼叫，五张以上方块，四张以上红心。
2♠	进局逼叫，五张以上方块，四张以上黑桃。
2NT	进局逼叫，或者是单套方块，或者是 5–5 以上双低花。
3♣	16~17 点，5–5 低花，很好的主打牌力.

3◇　　大约八个主打赢墩，类似埃柯二开叫。

你可以看到，很多再叫都与一阶高花应叫后相同，后续叫牌也很近似。

有两个进程需要给出细节：

1◇–1NT–2◇(14~17 点，方块套)

这与 1♣–1♠(无高花)–2♣很相似。应叫方的高花再叫也相同：表示所叫花色是弱门，邀叫牌力，大约 7~9 点。

1◇–1NT–2♣(葛兹里：14~17 点有梅花套，或 18 点以上非均型)

这是一个真正的葛兹里进程，2♣是双路叫品：或者是持梅花套的有限牌力，或者是某些类型的强牌。

葛兹里 2♣是范托内斯体系的基本工具，适用于下列进程：

1◇–1NT–2♣

1♡–1NT–2♣

1♠–1NT–2♣

1♡–1♠–2♣

福尔维奥·范托尼这样说葛兹里：

> **问题**：如果你只能选择一个约定叫，你会挑哪个？
>
> **福尔维奥·范托尼**：葛兹里……我认为每一个使用自然类叫牌体系的牌手都应该采用它。

非常高的评价。葛兹里使开叫方得以通过一个两步的序列描述一手强牌。应叫方在 2♣之后把他的牌力划分为低限和高限。开叫方的强牌加上应叫方的高限构成进局逼叫。

葛兹里对标准制也非常有用,但它是范托内斯体系的基本组成。

应叫方的后续叫牌如下:

2♢	0~5 点,建议止叫于 2♢。
2♡	任何 6~9 点(除非有四张方块),除开叫方再叫 2NT 或 3♣外逼叫到局。
3♣	0~5 点,六张梅花,建议止叫。
3♢	6~9 点,四张方块支持。

你可能注意到了,有些叫品没有列出,比如 2♠和 3♣。也许范托尼和努内斯赋予了它们含义,我们不知道,但这个世界上并非每一个叫品都必须有特定含义。在此例的情况下,持高限 1NT 应叫牌除了叫最节省空间的 2♡,都只会妨碍同伴描述他的牌。

开叫方在表示 6~9 点的 2♡之后的再叫非常重要,并非所有选择都是直观的:

2♠	18 点以上,进局逼叫,持有梅花套(开叫方不能直接再叫梅花,因为那样表示弱牌)。
2NT	16~17 点,方块和梅花 5–4。允许应叫方持 8~9 点进局,持 6~7 点止叫于三阶低花。更进一步,在真正的范托内斯体系中,应叫方可以选择三阶高花表示本门花色薄弱。这是探索 3NT 的恰当手段。
3♣	14~15 点,方块和梅花 5–4。应叫方通常不叫或改正到 3♢。
3♢	18 点以上,单套方块(应叫方同样可以叫弱高花试探 3NT)。
3♡/♠	18 点以上,自然叫,5–4 型:目的可能是 4–3 配合的高花成局定约。

有一点需要特别注意,应该避免持绝对的进局逼叫牌使用葛兹里 2♣,尽管 2♣是逼叫的。多数进局逼叫的牌通过 2NT 或逆叫高花显

示。这意味着在对 2♣的“穷牌”应叫后，开叫人的再叫是邀叫。

1◇–2◇(0~5 点，五张以上黑桃，四张以上红心)

这一专门的应叫用于处理 1◇开叫后，应叫方持一种尴尬牌型的情况。它不仅在范托内斯体系中是尴尬的，对所有的体系都是个挑战。因为描述的牌非常特定，后续叫牌是自然的。开叫方可以在二阶选择一个定约，或者在三阶邀叫。

你可能会问……我拿下面这手牌怎么办？

♠××　　♡×××　　◇A J××　　♣K×××

答案是这手牌你必须对 1◇应叫 1NT，表示 0~9 点没有高花套。这有点不舒服，可能导致你们打上错误的部份定约，但这是你要付的代价。

如果你舍弃范托内斯的 2◇应叫，把它改成 6~9 点四张支持的加叫，我不会责怪你。

对 1◇的进局逼叫应叫

1◇–2♣(10 点以上,梅花或方块套,或者均型牌)

很多强牌都被放入 2♣应叫中。所以后续叫牌是开叫方描述他的牌,由应叫方进行控制,除非应叫方以一个自然叫品放弃控制权。开叫方的职责是大致描述牌型,并显示实力范围是 14~17 点,还是 18 点以上。开叫方的再叫如下:

2◇	单套方块(任何牌力),或者 14~17 点方块加梅花套。
2♡/♠	自然叫,任何牌力。
2NT	六张以上方块,准确的三张梅花,18 点以上。
3♣	四张以上梅花,18 点以上 (2◇再叫也可能有梅花套,但牌力是 14~17 点)。
3◇	强牌,独打的方块套。确立方块为将牌,要求扣叫。

开叫方开始描述他的牌之后,应叫方可以发掘出很多信息!

1◇–2♣–2◇(单套方块,或 14~17 点方块加梅花套)

持方向明确的牌,应叫方可以做自然的再叫(除了 2♡)。2♠(表示梅花加黑桃套)、3♣(长而强的梅花套)或 3◇(确立方块为将牌)都是自然叫,2NT 也一样。

通常应叫方愿意得到开叫方牌情的更多信息,他通过人为的 2♡接力来发掘。开叫方的再叫是:

2♠　单套方块,18点以上。接着应叫方可以用2NT再次接力,开叫方叫出他的短门(典型情况是6331牌型),或者用3◇表示无单缺。

2NT　六张以上方块,三张梅花,14~17点。应叫方可以用3♣接力问短门,开叫方叫3◇表示无单缺(2-2-6-3牌型)。这一接力也可以在开叫方直接叫2NT(18点以上同样持牌类型)后使用。

3♣　四张以上梅花,14~17点。同样,应叫方可以用3◇接力,开叫方自然描述牌型(如果是2164牌型,可能所叫为双张)。

3◇　单套方块,14~17点,短梅花。

3♡/♠　单套方块,14~17点,所叫为短门。

3NT　单套方块,14~17点,双张梅花的均型:(32)62型。

如你所见,应叫方问出开叫方近乎准确的牌型并不困难。你将会看到,开叫方其他再叫后的发展也差不多。

1◇–2♣–2♡/♠(方块加高花)

在2♡之后,应叫方同样可以自然叫牌:2♠表示黑桃套,3♣表示长梅花,3◇或者加叫高花确定将牌。2NT是发掘更多信息的接力,开叫方的叫牌如下:

3♣　三张梅花:(41)53或(40)63牌型。

3◇　方块有额外长度,一般是64型。

1◇–2♣–2♡–2NT–3♡

1◇–2♣–2♠–2NT–3♠

65型。

1◇–2♣–2♡–2NT–3♠

1◇–2♣–2♠–2NT–3♡

牌型描述,典型情况是(43)51 牌型。

3NT　5422 牌型,14~17 点 (持同样牌型和更强的牌力,叫得更高些)。

1♢-2♣-3♣(18 点以上梅花套)

这里的后续叫牌与显示 14~17 点梅花套的进程(1♢-2♣-2♢-2♡-3♣)后相似。

应叫方以 3♢接力,开叫方叫 3♡/♠显示高花上的牌型(两到三张),另一高花是短门;叫 3NT 表示 18~20 点 2254 牌型,或者叫 4♣表示相同的牌型和更强的牌力。

你可能注意到了,对所有这些接力叫的答叫风格都一致。开叫方显示单套牌后,下一个接力是问他的短门。开叫方显示双套牌后,下一个接力是要求他显示"片段"(fragment)。在后者中,这一叫品明确表示第四花色是短门。

我们将在很多地方看到这个手段:特别是在对 1♡/♠的 2♣应叫后,和二阶开叫后的接力叫中。

这些接力不合你的口味?他们不是强制性的。除了必须忍受 2♣进局逼叫外,此后的进程你都可以恢复到自然叫牌。可能你无法得到同伴准确的牌型(显示片段或短门),但你的叫牌结果将是可以接受的。

还必须留意这里没有"开叫方的逆叫"。换言之,比如 1♢-2♣-2♠这样的进程,并不表示超出开叫承诺的 14 点以外的任何额外实力。

叫牌示例

西		东
♠×		♠A K J×
♡Q××	N W E S	♡A×××
◇A K Q×××		◇××
♣K Q×		♣J××

西	东
1◇	2♣
2◇	2♡
2NT	3♣
3♠	3NT
不叫	

开叫方显示单套型或有限牌力的双低花。应叫方询问,开叫方显示六张方块和三张梅花。应叫方选择了 3NT。如果应叫方的两门高花调换一下,他会试探方块满贯。

西		东
♠A××		♠Q×××
♡A Q×	N W E S	♡K×××
◇K Q××××		◇A×
♣×		♣J××

西	东
1◇	2♣
2◇	2♡
3◇	5◇
不叫	

开叫方显示单套型或有限牌力的双低花。应叫方询问，开叫方表示14~17 点单套型和短梅花。发现梅花存在挡张问题，应叫方选择 5◇。

西	东
♠A K×	♠Q××
♡Q	♡××××
◇K Q×××	◇A×
♣J×××	♣A K Q×

西	东
1◇	2♣
2◇	2♡
3♣	3◇
3♠	4♣
4♠	6♣
不叫	

开叫方显示单套型或有限牌力的双低花。应叫方询问，开叫方显示梅花套。应叫方再次接力，开叫方显示黑桃片段，因而是短红心。这对应叫方来说是好消息，他确立梅花为将牌，要求扣叫。开叫方揭示黑桃控制，这对应叫方已经足够。

范托内斯体系中的扣叫表示第一或第二轮控制，伴以问 A 的装置(特博或黑木)来检查是否缺两个 A。在这一进程中，西家鼓励性的 4♠ 肯定是扣叫 A，因为他的两门低花显然都缺很多东西。

西	东
♠×	♠K××
♡Q×××	♡K×
◇A K×××	◇Q×
♣A Q×	♣K J 10×××

西	东
1◇	2♣
2♡	3♣
4♣	4♡
4NT	5♣
不叫	

开叫方显示了红心套。这里是应叫方是否继续接力的节点……他转向描述他的梅花单套。开叫方加叫，应叫方扣叫，但特博 4NT(偶数个关键张)告诉应叫方缺两个 A。

在比赛分制下，这不是个好定约：也许打比赛分制时，开叫方会在 3♣后叫第四花色 3♠问挡张。这样为了聚焦于 3NT 便放弃了探索 6♣，比赛分制下常见的两难局面。

1◇–2♡/♠(10 点以上，自然叫)

与 1♣开叫后的应叫完全相同：否认 5332 牌型(2NT 表示那种牌)或 5–5 型(直接跳叫到三阶)。

后续叫牌非常自然，但开叫方的 2NT 再叫不表示均型牌，因为 1◇开叫是非均型。2NT 再叫要求同伴显示关于牌型和实力的更多信息。应叫方的再叫类似 1♣–2♡/♠–2NT：

3♣	任何 13 点以上的牌。
3◇/♡/♠	自然叫，但牌力是 10~12 点：3◇表示对开叫方的三张支持。
3NT	10~12 点，在二阶高花应叫后，暗示还有梅花套(应叫方不会是 5332 牌型)。

1◇–2NT(10 点以上,持五张高花的 5332 牌型)

同样,也与 1♣开叫后的 2NT 应叫完全相同。开叫方的后续叫牌也类似:他通常会再叫 3♣探查同伴的长套和实力。他也可以再叫 3◇确定将牌,或者对高花没有兴趣时(2263 或 2254 牌型)再叫 3NT。

为方便记忆,这里列出 1◇–2NT–3♣后的再叫:

3◇	10~12 点,红心套。
3♡	10~12 点,黑桃套。
3♠	13~15 点,红心套。
3NT	13~15 点,黑桃套。
4♣	16 点以上,红心套。
4◇	16 点以上,黑桃套。

1◇–3◇(0~5 点,四张以上方块)

这个进程与标准制中的阻击性加叫后近似。开叫方可以自己作主:叫三阶高花是问挡张。

1◇–3♣(10~15 点,5–5 型,红心和黑桃)
1◇–3♡(10~15 点,5–5 型,红心和梅花)
1◇–3♠(10~15 点,5–5 型,黑桃和梅花)

这些进程的后续叫牌与 1♣开叫后的三阶应叫后相同。

不叫过的变化

不叫过的一家值得一提的变化是1◇-2高花表示大约8~9点的六张套。类似与1♣开叫后的相同进程,开叫方唯一不逼叫的再叫是3◇。

1◇开叫后敌方插叫的处理

因为1◇是非常自然的叫品,这里不必使用任何范托内斯体系的特定处理。这里简要介绍一下范托内斯的约定。

1◇-(加倍)

类似于1♣开叫被加倍,实力型再加倍与传统的“实力”有所不同:低限可以仅有7点。

其他叫品你可以自己选择。一个不错的处理是移除所有约定,1♡和1♠自然且逼叫,没有上限;2◇是简单加叫,更高的叫品是不逼叫的自然叫。

1◇-(1♡)

与一贯的转移叫风格相匹配,范托内斯的叫牌如下:

加倍	4~5 张黑桃。
1♠	否认黑桃套和红心好挡张,所以一般是对梅花感兴趣。
1NT	自然叫,不逼叫。
2♣	自然叫,10 点以上,逼叫到局。
2◇	对方块的自然加叫。
2♡	六张黑桃。
2♠	方块加叫,邀叫或更好。

1♡和1♠开叫

1♡和1♠开叫表示11点以上,至少五张。

我们可以把1♡和1♠开叫放在同一章中,因为后续发展很相似。需要的时候我会把不同之处标注出來。

与1♣和1◇开叫一样,这两个开叫没有上限。如果同时持有另一个高花套,一阶高花开叫的实力可以低至11点。如果没有另一高花套,开叫实力的低限是14点。

这个变化打破了一阶花色开叫的对称性,并且使1♡/1♠开叫略显复杂,但这是无可避免的。原因是2♡和2♠开叫后无法处理可能有另一个高花套的负担。所以持双高花的低限开叫牌必须开叫一阶高花。噢,好吧。

对一阶高花的应叫如下:

1♡–1♠	0~9点,4张以上黑桃。
1NT	0~9点(在1♡开叫后,1NT否认黑桃套)。
2♣	10点以上:梅花套、均型牌或对高花套的加叫。
2◇	10点以上,5张以上方块。
1♡–2♡	
1♠–2♠	3~6点,三或四张支持。
1♡–2♠	
1♠–2♡	10点以上,五张以上套,进局逼叫(允许5332牌型)。
2NT	三或四张支持的限制性加叫。
3♣	10~15点,5–5型,梅花和另一高花。

3◇	10~15 点,5–5 型,方块和另一高花。
1♡–3♡	
1♠–3♠	弱牌型牌,4~5 张支持。
1♡–3♠	
1♠–3♡	10~15 点,5–5 型,梅花和方块套(需慎重使用,因为开叫方持双高花时牌力相对较弱)。

上表中有几点需要注意。首先,简单加叫非常弱:大约 3~6 点。你可能会问,我持 0~2 点有支持怎么办? 没有几个体系关注持 0~2 点牌怎么叫,但范托内斯体系有! 持那样的牌,你应叫 1NT,阻止同伴对你的牌有所幻想。视乎叫牌的进展,你可以找机会显示温和的支持。

比 3~6 点强一些,你跳叫 2NT。这看起来有点笨,确实可能把只能打成二阶定约的牌叫上三阶。但在激烈的实战中,这点损失并不大。

你同样可以看到跳叫三阶新花表示 5–5 型, 这与 1♣和 1◇开叫后一致。

对 1♡/1◇开叫的弱应叫

我们从对一阶高花开叫仅有的一阶花色应叫开始:

1♡–1♠(0~9 点,四张以上黑桃)

开叫方的再叫是:

1NT	15~17 点,均型。
2♣	葛兹里:或者 14~17 点梅花套,或者某些 18 点以上的牌。
2◇	14~17 点,自然叫,不逼叫。
2♡	14~17 点,自然叫,不逼叫。
2♠	11~15 点,黑桃配合。
2NT	进局逼叫:红心和一门低花的双套牌,或者红心单套,或者四张黑桃的加叫。

3♣	16~17 点,红心和梅花 5-5,很好的主打牌力。
3◇	16~17 点,红心和方块 5-5,很好的主打牌力。
3♡	以红心为将牌有大约八个主打赢墩,类似埃柯二开叫。
3♠	16~17 点,四张支持。
4♣/◇	对黑桃的斯普令特加叫。

你将看到对 1◇/♡/♠开叫的 0~9 点应叫后,开叫方的再叫有高度的一致性,他可以:

——做葛兹里叫牌(通常是 2♣,但在 1◇-1 高花后是 1NT),或者是限制性的自然叫,或者是某些 18 点以上的牌。

——在二阶做非逆叫的叫牌,表示 14~17 点的自然叫。

——在二阶逆叫或叫 2NT 逼叫到局。

——在三阶做显示实力和很强方向性,但并不逼叫的叫牌。

1♡-1♠-1NT(15~17 点均型)

因为两人都已叫出长套,这里不需要太复杂,就像 1♣-1♡(显示黑桃套)后一样。而且,应叫方不会超出邀叫实力,因为他被限制在 9 点以下。

但让开叫方成为可能的低花定约的庄家是值得的:

2♣	邀叫或者止叫于方块的牌。开叫方叫 2◇:应叫方可以不叫或自然邀请。
2◇	核查有无三张黑桃支持。
2♡	止叫。
2♠	止叫。
2NT	要求开叫方叫 3♣,准备止叫于此。

1♡–1♠–2♣(葛兹里：自然叫或18点以上)

如所有葛兹里进程一样，其后最便宜的新花色叫品是人为的，表示6~9点，如果开叫方持18点以上就建立了逼叫到局的形势。在这里是2◇：

2◇	任何6~9点。 开叫方现在叫2♡表示14~17点红心和梅花套。应叫方可以止叫于2♠或3♣（当然也可以在2♡之后不叫），或以2NT、3♡或3♠邀局。
2♡	0~5点，止叫于2♡。
2♠	0~5点，止叫于2♠。
2NT	0~5点，双低花：可能是4144或40(54)牌型。
3♣	0~5点，止叫(典型情况是四张黑桃和六张梅花)。
3◇	0~5点，止叫(典型情况是四张黑桃和六张方块)。

在应叫方的所有弱再叫后，开叫方如果愿意，可以持18点以上的牌继续以自然叫品邀局。

1♡–1♠–2NT(进局逼叫)

应叫方叫3♣"傀儡叫"，等开叫方揭示进局逼叫的类型。开叫方的描述如下：

3◇	红心加方块双套。
3♡	确立红心为将牌，要求扣叫。
3♠	确立黑桃为将牌，要求扣叫。
3NT	红心加梅花双套。

1♡/1♠–1NT(0~9 点)

这是个有点不舒服的进程，因为开叫方可能是16~17左右的5332牌型。不叫的结果可能是错失3NT:折衷的办法是使用葛兹里,虽然你既没有梅花套,也没有18点以上。

除此之外,开叫方的其他再叫近似与1♡–1♠:

2♣　　葛兹里:14~17点梅花套,或16~17点均型,或某些18点以上的牌。

2◇　　14~17点,自然叫,不逼叫。

1♡–1NT–2♡

1♠–1NT–2♠

　　14~17点,六张套。

1♠–1NT–2♡

　　11~17点,四张以上红心(但请注意再叫3♡的选项)。

1♡–1NT–2♠

　　自然叫,进局逼叫。

2NT　　进局逼叫:单套或双套型。

3♣　　16~17点,5–5型,开叫高花加梅花套,很好的主打实力。

3◇　　16~17点,5–5型,开叫高花加方块套,很好的主打实力。

1♡–1NT–3♡

1♠–1NT–3♠

　　以开叫高花为将牌,有大约八个主打赢墩,类似埃柯二开叫。

葛兹里进程的展开与其他的类似。如果应叫方以2◇表示6~9点,开叫方再叫他的高花表示持梅花套,叫2NT表示16~17点均型。其他的叫品都确认18点以上,逼叫到局。

这里有一个需要格外注意的进程:

1♠–1NT–2♣–2♢–2♡(18 点以上,至少三张红心)

直觉上你会预期开叫方的 2♡表示至少四张红心，但这里有个问题。因为开叫方持 16~17 点再叫 2NT,他持均型的 18~20 点必须再叫 3NT。这样就不可能叫到 5–3 配合的 4♡。为了避免这个难题,应叫方 2♢之后 2♡可以只有三张红心,这样 3NT 通常是 5–2–3–3 牌型,警告应叫方不必考虑红心定约。

为了确定是否存在潜在的红心配合,应叫方现在的叫牌如下:

2♠	接力叫,否定四张红心,要求开叫方提供更多牌型信息(开叫方可以显示四张低花、持 5–5 型再叫 3♡等)。
2NT	准确的四张红心:开叫方可以再叫 3♡确认红心配合;仅有三张红心时做其他描述性叫牌。
3♣/3♢	自然叫,五张以上套,否认四张红心。
3♡	五张以上红心,确认红心配合。

叫牌示例

西	东
♠K×	♠××××××
♡A K J××	♡Q×
◇Q J×	◇K×
♣K J×	♣A××

西	东
1♡	1♠
2♣	2◇
2NT	3NT
不叫	

开叫方使用葛兹里，并在应叫方显示 6~9 点后，叫 2NT 表示 18~20 点没有三张黑桃。应叫方决定不打黑桃定约。

西	东
♠A Q J×	♠×××
♡A K Q J×	♡××
◇K×	◇A J×××
♣A×	♣K××

西	东
1♡	1NT
2♠	2NT
3NT	4NT
6NT	不叫

开叫方叫自然的 2♠逼叫到局。应叫方等待开叫方是否有三张低花套。开叫方显示了 4522 牌型后，应叫方做示量加叫，开叫方接受。

W	E
♠K Q×××	♠×
♡A Q×	♡×××××
◇A K Q×	◇×××
♣×	♣××××

西	东
1♠	1NT
2♣	2♡
3♡	不叫

在葛兹里之后，应叫方显示 0~5 点红心套。开叫方邀请进局，应叫方终于可以拿出一张绿卡放在桌子上了。

W	E
♠A J×××	♠×
♡A J×	♡K××××
◇Q××	◇A×××
♣A Q	♣×××

西	东
1♠	1NT
2♣	2◇
2♡	3♡
4♡	不叫

应叫方显示 6~9 点，开叫方揭示有三张以上红心。应叫方的加叫表示五张红心，最终达到强牌主打的正确的 4♡定约。

最后一个牌例来自实战，2010 年的一个法国赛事：

努内斯		范托尼
♠A Q J 5 3	N W E S	♠8 6 2
♡5		♡6 4 3
◇A 10		◇Q 5 4 3
♣A K Q 5 4		♣9 7 2

努内斯	范托尼
1♠	1NT
2NT	4♠
不叫	

范托尼持一手0~2点有黑桃“支持”的牌，所以他应叫1NT。当努内斯显示了某种逼叫到局的牌之后，福尔维奥直接跳叫到4♠，不去弄清同伴的持牌类型(也不向对手揭示它)，因为他的牌毫无价值。

有点令人惊讶的是，这对范托内斯价值10IMP。另一桌的开叫是人为的强1♣，招来了1♡争叫。在不叫和3♡阻击性加叫后，西家只叫3♠(扣叫4♡加一门低花可能是个比较机灵的处理)，并成为最终定约。

1♡/1♠加叫结构

1♡/1♠开叫后共有三种水平的加叫：

1)弱加叫通过简单加叫显示：1♡–2♡或1♠–2♠。

简单加叫表示3~6点三张支持或2~4点四张支持。

另一个选择是，持0~5点的牌型牌(至少四张支持)可以做三阶阻击性加叫；或者持略多的牌力跳叫到局，特别是持五张支持时。

左右这些应叫后，你都可以自行选择开叫方的再叫：比如长套或短套邀请。

2)中等牌力加叫的应叫是2NT。它表示7~9点三张支持，或5~9点四张支持，或8~11点四张支持并有边花短门。

3)强邀请或逼叫进局的加叫从2♣(10点以上)接力开始。

1♡/1♠–2NT(限制性加叫)

2NT 加叫表示下列三种情况之一：

7~9 点三张支持

5~9 点四张支持

8~11 点四张支持并有边花短门

这些牌本质上都是简单加叫到二阶（你应该记得上限是大约 6 点）太强，但在开叫方持 11~13 点时又不够加叫到局的牌。

开叫方的再叫如下：

3♣　至少有进局兴趣，要求应叫方澄清他的牌。应叫方可以：

——叫 3◇表示三张支持的加叫

——再叫高花表示四张支持的低限

——叫 3NT 表示四张支持的高限

——其他表示 8~11 点四张支持，所叫为单张

3◇　邀叫实力，大约 14~16 点。

应叫方根据其牌力决定接受或拒绝邀请。

再叫高花　止叫：11~13 点，注意这也同时显示另一高花。

3♡(1♠开叫后)

自然并且逼叫；应叫方低限时可以回到 3♠。

3NT　17 点以上，5332 牌型：给应叫方持三张支持的均型牌时提供打 3NT 的选择。

对 1♡/1♠的强应叫

1♡/1♠–2♣(10 点以上：自然叫或均型或加叫)

范托内斯体系的二盖一应叫与美国标准制没有多少不同。一阶开叫是自然的(虽然是非限制性的)，二阶花色应叫表示 10 点以上。你也可以使用熟悉的标准制叫法。

范托尼和努内斯当然不会用标准制的手段，他们打一种自然和接力的组合应叫，非常复杂。这里介绍的方法比范托内斯实际打的略为简单，但经过应用效果良好。

明白对一阶高花应叫的 2♣应叫并非进局逼叫很重要，这与 1♢–2♣不同。因为一阶高花开叫的实力如果持有另一高花套可以低至 11 点。但只有一个非常特定的进程可以停在成局定约以下，只要这一进程没有出现，我们就逼叫到局。我们很快会讲到那个进程。

开叫方的再叫是：

2♢　　持另一高花，所以是开叫方可能只有 11~13 点的唯一情况。但这一再叫并无上限。

1♠–2♣–2♠

1♡–2♣–2♡

14 点以上，单套牌。

1♠–2♣–2♡

1♡–2♣–2♠

方块套，任何牌力。

2NT　18~20 点均型(5332 牌型)。

3♣　自然叫,四张以上套,14 点以上。

3♢　18 点以上,典型情况是 6322 牌型,长套质量不太强(与跳再叫高花相比)。

1♠-2♣-3♠

1♡-2♣-3♡

强牌强套:确立将牌,要求扣叫。

1♠-2♣-3♡

1♡-2♣-3♠

自然叫,牌型牌,大约 15~17 点。

在某些进程后,应叫方可以选择进一步接力以获取更多信息,但不是强制性的。应叫方可以支持开叫方的一个套,建立扣叫进程;或者叫他自己的新花色,表明 2♣是自然叫,并回到自然叫牌上来。

比如,1♠-2♣-2♠,开叫方显示了单套牌。现在 2NT 是应叫方的下一个接力,但他也有其他选择。他可以叫 3♠确立黑桃为将牌,也可以叫 3♣显示梅花长套,或者叫 3♢或 3♡表示梅花是主套,所叫为第二套或挡张。虽然开叫方否定了第二套,但并不表明应叫方不希望以自然方式推进。例如,应叫方可能持 6-5 型。

本节的重点是记住开叫方再叫 2♢表示另一高花,二阶另一高花表示方块套,重叫高花表示单套。

低限 3NT

现在正是论及范托内斯如何处理"严肃的"和"非严肃的"满贯试探的好时机。当一个高花在 3NT 以下被确立为将牌时，任何一方叫 3NT 都表示低限牌：可以被认为是"非严肃的"，或者温和的满贯试探。越过 3NT 在四阶扣叫表示有额外实力，"严肃的"满贯试探。直接叫到局表示已显示的牌力中最差的牌。

例如这个进程：

西	东
1♡	2♣
2♡	3♡
?	

开叫方有至少 14 点，但没有上限。如果有黑桃控制，他的下一个叫品将是 3♠。没有黑桃控制时，3NT 表示低限实力，大约 14~16 点。四阶低花是扣叫，保证有额外牌力并且否认黑桃控制。

如果开叫方叫 3♠：

西	东
1♡	2♣
2♡	3♡
3♠	?

应叫方也面临同样的选择。3NT 表示低限，扣叫四阶低花表示额外牌力。

下面这个进程呢？

西	东
1♡	2♣
2♢	3♡
?	

这里开叫方表示持双高套，所以他的点力是 11 点以上。他可以选择简单加叫 3♡到 4♡，表示最低限，大约 11~12 点。

1♡/1♠–2♣–2◇（双高花）

这一进程中，开叫方的持牌包括所有 11~13 点双高花的牌：意味着联手未必要进局。应叫方可以建议二高花或 3♣为最终定约：这是 2♣应叫后唯一停在成局以外的渠道。

应叫方的再叫是：

2♡/♠	10~12 点，建议止叫（不绝对保证有八张配合）。开叫方可以不叫，或以描述性叫品继续叫牌（进局逼叫）。
2NT	进一步挖掘牌型信息的接力：开叫方可以显示低花“片段”，或一个高花上的额外长度，或者叫 3NT 表示 5422 牌型和上限大约为 17 点的牌。
3♣	自然叫，不逼叫，大约 10~12 点和六张以上梅花。
3◇	自然叫，显示梅花为更长套。
3♡/♠	确立将牌，要求扣叫。

在 1 高花–2♣–2◇后，范托尼和努内斯打一套更复杂的接力去澄清开叫方的牌力，但这对于体系运转并非必不可少的。

1♡–2♣–2♠，1♠–2♣–2♡（含方块套的双套牌）

同样，应叫方可以用 2NT 接力，或者做自然再叫：加叫高花或方块确立将牌，或者叫其他澄清最初的 2♣是自然叫。

2NT 接力后，开叫方再次做描述性叫牌：

3♣	梅花“片段”，大约是(51)43 型。
3◇	五张方块。
3 阶另一高花	高花“片段”，大约是(53)41 型。

3阶开叫高花

六张套，所以大约是6–4型。

3NT　14~17点，(52)42牌型。（如果更强，就叫得更高！）

1♡/1♠–2♣–2NT(18~20点,5332牌型)

应叫方在三阶做自然再叫（支持同伴的高花是确立将牌要求扣叫），或者叫自然的无将。

1♡/1♠–2♣–3♣(自然叫，梅花套)

范托内斯在这里使用3◇作为接力叫，就像1◇–2♣–3♣后一样。我们没有使用，后续叫牌自然发展。

1♡/1♠–2♣–3◇(18点以上，六张以上高花，牌力集中)

这是一个高度描述性的叫品：应叫方经常以叫回开叫方的高花确立将牌。应叫方的另一选择是自然地叫一门花色，表示很畸形的牌型牌，不想打开叫方的高花。无将叫品也是自然的，包括4NT，那表示大约13~14点。

叫牌示例

W	E
♠A J××	♠K××
♡K Q×××	♡×
◇××	◇A K××
♣K×	♣J××××

西	东
1♡	2♣
2◇	2♠
不叫	

开叫方显示双高花；应叫方不够逼叫到局，建议打一个部份定约。

西	东
♠K Q J××	♠×
♡Q×××	♡K×
◇×	◇A×××
♣A××	♣K Q J×××

西	东
1♠	2♣
2◇	2NT
3♣	4♣
5♣	不叫

开叫方表示双高花，应叫方继续询问。开叫方显示梅花“片段”，应叫方确立将牌要求扣叫，但开叫方拒绝拿这手弱牌扣叫。

西	东
♠A K Q××	♠×
♡A×	♡K×××
◇K×	◇A Q××
♣A K××	♣J×××

西	东
1♠	2♣
3♣	3NT
5NT	6♣
不叫	

开叫方显示梅花套，应叫方建议打 3NT。但开叫方的牌太强了，他要求同伴“挑一个满贯”，应叫方照办。

西	东
♠K Q×××	♠A J××
♡K Q J×	♡A××
◇Q××	◇A K×
♣Q	♣×××

西	东
1♠	2♣
2◇	3♠
3NT	4◇
4♡	5◇
6♠	不叫

开叫方显示双高花后，应叫方确立黑桃为将牌。开叫方以 3NT 表示低限，但不是最差的牌。应叫方扣叫方块，否认梅花控制；开叫方扣叫红心回应，暗示梅花和红心都有控制。现在是使用特博的时候了，5◇表示奇数个关键张，西家足以叫到满贯。

西	东
♠K Q J××	♠A×
♡K×	♡Q J××
◇Q J××	◇A K××
♣K×	♣×××

西	东
1♠	2♣
2♡	3◇
3NT	不叫

开叫方显示方块套，应叫方支持这门花色。开叫方没有更多要说

的了，建议打 3NT。

西		东
♠×	N W E S	♠K Q J×
♡A K××××		♡××
◇K J×		◇Q 10××
♣A××		♣K J×

开叫方显示单套牌和黑桃单张。

1♡/1♠-2◇(10 点以上，自然叫)

我们再次略微偏离了范托尼和努内斯对这一应叫的处理。他们的 2◇是进局比较，尽管开叫方可能只有 11 点和双高花，方块没有配合。我们更喜欢允许某些进程结束于部份定约，下面讲讲这里的差别。

这手牌取自 2008 年荷兰白宫国际邀请赛。我们看看意大利人是怎么做的：

努内斯		范托尼
♠J 10 7 6 5	N W E S	♠Q 4
♡A Q 8 7 3		♡2
◇A		◇K Q 9 8 6 5
♣Q 6		♣A 9 4 3

西	东
1♠	2♣(！)
2◇	2♠

范托尼恰当地判断他的牌不够逼叫到局，所以他应叫 2♣。努内斯以 2◇表示双高花后，范托尼建议打 2♠，他们停在了正确的地方。定约打成超一，他们得到 8IMP，因为另一桌的德国人叫到 3NT 宕二。

使用本书介绍的方法，你不能持东家的牌叫 2♣，因为那样你将永远无法显示你的方块套。以后叫方块表示你有梅花套,方块是第二套。我们觉得在这手牌上隐藏方块套实在难以接受。我们应叫2◇,退路是允许2♠(或3◇)成为最终定约。

开叫方的再叫是:

1♠-2◇-2♠

1♡-2◇-2♡

14点以上,单套牌。

1♠-2◇-2♡

1♡-2◇-2♠

自然叫,至少5-4高花,牌力不限。

2NT　18~20点,均型(5332牌型)。

3♣　自然叫,四张以上梅花,14点以上。

3◇　自然加叫。

1♠-2◇-3♠

1♡-2◇-3♡

强牌强套:确立所叫高花为将牌,要求扣叫。

1♠-2◇-3♡

1♡-2◇-3♠

1♡/♠-2◇-4♣

对方块的斯普令特加叫。

此后的发展是自然的。除了开叫方叫另一高花,因而可能只有11~13点之外,所有的进程都是进局逼叫。开叫方叫另一高花后,我们允许应叫方止叫于3◇,或者在特定的1♠-2◇-2♡后,他可以叫2♠建议为最终定约(这是白宫邀请赛上那手牌我们推荐的叫法)。

1♠-2♡(10点以上,自然叫,进局逼叫,五张以上红心)

这个特定的二盖一是绝对的进局逼叫。即使开叫方持11~13点双高花,红心至少有5-4配合,也该叫到局。如果你想找个开叫应叫双方都是低限时可以停在3♡的体系，只好到别处去找了。

叫牌的发展是自然的。我们推荐“速达原则”：1♠-2♡-4♡表示11~13点牌，并且没有很好的牌型特征。

1♡-2♠(10点以上，自然叫，进局逼叫，五张以上黑桃)

这与1♠-2♡完全相同，只是花色颠倒了一下。开叫方直接加叫到4♠同样表示11~13点的牌。

1♡/♠-3♣(10~15点，5-5套，梅花加另一高花)
1♡/♠-3◇(10~15点，5-5套，梅花加另一高花)
1♡/♠-三阶另一高花(10~15点，5-5套，梅花加方块)

开叫方可以止叫于成局，或确立将牌要求扣叫。

不叫过的变化

应叫曾经不叫过,对后续叫牌没有特别值得注意的影响。一阶应叫不变。2♣应叫仍然是 10 点以上,开叫方的再叫也不变。

不叫–1♡–2♠仍是显示 10 点以上五张套;但不叫过的牌叫 2♠倾向于准确地持五张黑桃,否则他上一轮已经在二阶开叫了。

1♡/♠开叫后敌方插叫的处理

范托内斯体系中对敌方在一阶高花开叫后加倍或争叫的处理没什么特别。你得决定在敌方加倍后,持多强的牌可以再加倍。

在 1♣和 1◇开叫后,我们介绍过再加倍只需 7 点,因为开叫的低限是 14 点。

但一阶高花开叫持双高花时,有个“弱”选项。不过敌方的技术性加倍降低了开叫方持弱选项的可能,所以我们依然建议再加倍可以低至 7 点。

如果敌方在人为的 2♣应叫后介入怎么办?我们认为你应该无视敌方加倍,继续按照体系叫牌(比如 2◇仍然表示双高花),但在争叫后回到自然叫牌。再加倍表示梅花套,并准备惩罚敌方。

幕间休息

什么样的叫牌体系是个“好”体系？简单说，好体系将指引你在多数情况下打上正确的部份定约、成局定约或者满贯。所有知名体系都能做到这一点。达到正确定约靠的并非是基本体系，而是你和你的搭档对体系的讨论是否全面、细节是否精心雕琢和是否经过足够的练习。

在非竞叫进程中，打什么体系真的不那么重要。只要使用得当，你通常都能叫到好定约。

但当今非竞叫的叫牌在实战中已经少于一半。盈亏往往取决于竞争性叫牌的结果。对一个叫牌体系“精华”的考验是在竞叫中。

这里有两个方面。首先，你开叫，敌方插叫，但最终定约属于你们。你必须摆脱敌方的干扰叫到正确的定约，或者有效地惩罚他们。

如何处理不仅靠你们之间的约定，还要看在敌方介入之前你们之间传递了多少信息。以模糊开叫起步的叫牌更容易被破坏。精确制的1♣和1◇开叫和美国标准制“可以是短套”的1♣都是易于被干扰的例子。标准制的强2♣开叫是另一个可被破坏的开叫——虽然因为开叫阶数较高以及开叫牌力很强，被争叫的频率较低。更常见的是，标准制的2♣开叫没有被敌方干扰，却阻击了自己。

范托内斯体系的一阶开叫的抗干扰能力相当强。除了1♣，其他开叫都承诺一个套，而且因为开叫的低限较普通体系高，敌方有牌力采取行动的机会减小。

竞叫的另一方面是你方开叫，但最后定约属于敌方。这类进程典型的例子是开叫三阶阻击叫。很多时候定约是属于敌方的，但由于你在高阶抢先开叫,使敌方很难找到正确的定约。弱二开叫的目的也相同。

破坏性开叫是一个好叫牌体系不可或缺的组成部份。弱开叫(或"高度非常用",HUM)体系是这一概念的极端产物。这些体系包含人为的"肥料叫"(fertilizer),一阶的某个开叫什么也不保证,比如任何0~7点牌。它们的目的是纯粹破坏,因为仅有很少数比赛允许使用。

范托内斯体系致力于合法的破坏性开叫。我们即将见到它们。它们是本体系的重型武器,这不是因为它们能引领本方叫到正确定约,而是因为它们阻止敌方叫到他们的定约。继续往下读的时候请记住这一点……

1NT 开叫

1NT 开叫表示 12~14 点(无局时可以是 11 点),均型或半均型牌。

1NT 是范托内斯体系最频繁的开叫，占所有开叫的 28%。它表示 12~14 点,但在无局时可以持 11 点开叫。

很多半均型的牌都纳入 1NT 开叫。除了正常的 4333 和 4432 牌型,如果点力合适下面这些牌型也开叫 1NT:

——5332 牌型(任何五张套,但 14 点五张高花时可以开叫一阶高花)。

——5422 牌型,除了两个套都是高花(那样的牌开叫一阶高花)。

——4441 牌型,12~13 点(持 14 点开叫 1♣或 1◇)。

很可怕? 也许,但我们的记录显示 1NT 开叫在赢取 IMP 上和范托内斯体系的其他开叫一样出色。我们将在本章探索为什么会这样。

我们从显见的问题开始:

> **反对**!你想让我不管局况和位置拿这么弱的牌开叫 1NT,而且还包括那么多古怪的牌型? 这会遭到可怕的惩罚! 让我躲远点吧。

下表是对意大利顶尖桥牌明星之一诺维托·波奇 (Norberto Bocchi) 的访谈 *。他的回答更有权威性。

* 摘自《那不勒斯俱乐部在线桥牌杂志》(Neapolitan Club on-line bridge magazine)。

问：在你和乔治奥·杜伯恩（Giorgio Duboin）打的体系中，开叫1♣和1NT是互动的：1NT开叫根据局况和位置分别为12~14点和15~17点；1♣则覆盖其余的均型牌。和你的新搭档奥古斯丁·马德拉（Augustin Madala）的体系中，这一特点不复存在，代之以固定的15~17点的1NT。为什么？

诺维托·波奇：我改动体系是因为，弱无将仅在非常高水平的比赛中才有危险。这是个非常具有攻击性的开叫，但我还是解释一下。我们意大利人是最强的，所以我们不需要非常具有攻击性才能赢。这种桥牌是较弱的牌手打的，我们对此没有兴趣。之前我们尝试它只是因为好玩，但现在把它去掉了。另一个原因是这么复杂的体系不利于集中注意力：你必须随时注意局况和位置，因为体系基于它们而改变，而且一切都因此变得非常非常复杂。这是为了少许优势增加负面影响，使我们的1♣开叫负担更重：变得缺乏空间去发掘一手牌。

波奇主要是说弱无将是很有效的攻击性开叫，但是太危险了；他们很强，可以通过其他办法赢取IMP。他说的对他们自己很对！他也说到牌力可变的1NT开叫会增加记忆负担……这对范托内斯不是问题，他们的1NT总是弱的。对于范托内斯来说，“该死的鱼雷”（语出美国海军上将大卫·法拉格特，他在指挥莫比尔湾战役时经常下令说：“该死的鱼雷，全速前进！”——译注），不管局况和位置：我们无论何时何地总是开叫弱无将。

福尔维奥·范托尼对此是这样说的：

问：我想问问有局时开叫弱无将。风险很大，但换取的优势是什么呢？

福尔维奥·范托尼：当然有风险。但我们的体系需要这个开叫。实际上，我们无法把12~14点的均型牌放到其他开叫中去，所以不得不在有局时也开叫弱无将，这样当然提高了风险。但最终我们看到在任何比赛中的结果都是正面的：赢的总比输的多。我们在第一家、有局对无局的情况下未必一定拿12点开叫。实际上，比起克劳迪奥我更是这样：他更愿意开叫，而我有时持12点会不叫。

统计结果证实了范托尼的观点。在实况转播中，范托内斯开叫1NT七百五十四次，其中他们遭受惩罚并造成失分仅有三次。我们使用范托内斯体系的的经验更为清晰：我们开叫了四百九十次弱无将，蒙受重大损失的只有一次。

同时，很多时候桌上的情况逆转：敌方在二阶加入叫牌导致他们自己被惩罚。这里的真相是，弱无将开叫很大程度上是阻击叫……带给敌方的危险远远超过弱无将开叫的一方。

下面是用于说明这一观点的两个例子。第一个例子并不涉及惩罚，仅仅是显示阻击效果。

东家开叫 东西有局	♠10 4 ♡Q 9 ◇K 10 9 6 2 ♣10 9 6 3	
♠K Q 9 3 ♡8 7 6 4 ◇A ♣K 7 5 4	N W E S	♠A 7 5 ♡K J 5 2 ◇8 7 5 ♣Q J 2
	♠J 8 6 2 ♡A 10 3 ◇Q J 4 3 ♣A 9	

西	北	东	南
塞兰斯门德	范托尼	布鲁吉朗	努内斯
		不叫	1NT
不叫	不叫	不叫	

也许你能指出东西家，挪威的世界冠军该如何在这一开叫后叫到 4♡。但他们甚至没能防宕 1NT！首攻是红心，防家进手后续攻这门花色，所以努内斯吃到四墩方块、两墩红心和♣A。在另外一桌，南家开叫 1◇，西家加倍，其后东西方叫到成局定约易如反掌。

南家开叫
南北有局

	♠A 10 9 6 ♡J 2 ◇A K 6 5 ♣K 7 2	
♠J 8 5 ♡10 8 6 5 4 3 ◇Q ♣A Q 6	N W E S	♠Q 7 4 2 ♡— ◇10 9 4 2 ♣J 10 8 5 3
	♠K 3 ♡A K Q 9 7 ◇J 8 7 3 ♣9 4	

西	北	东	南
	努内斯		范托尼
			1NT
2◇	加倍	不叫	不叫
2♡	加倍	全不叫	

这里我们见到 5422 牌型开叫 1NT。西家并非一定要在 1NT 后采取行动，但局况有利，而且他拿着一个六张套。不幸的是，局况还不够好：庄家只吃到两墩，损失 1400 分。

在另一桌，南家当然开叫 1♡，然后只有南北家自己叫牌。

上面的两个例子中，1NT 都阻击了敌方：这就是我为什么在本书开始时说范托内斯体系是一个“温和的阻击体系”。在第一个牌例中，敌方需要采取行动；在牌例二中，他们必须保持沉默。对抗弱无将确实不容易。BBO 转播记录中，顶级的对手被范托内斯的弱无将搅得一团糟。

再来一个例子：

南家开叫
双方有局

西	北	东
	♠K Q 6 5 ♡A ♢10 8 4 2 ♣8 5 4 2	
♠7 ♡J 10 9 3 ♢9 6 3 ♣K Q J 10 6	N W E S	♠A J 8 4 2 ♡Q 6 2 ♢A J 7 5 ♣7
	♠10 9 3 ♡K 8 7 5 4 ♢K Q ♣A 9 3	

西	北	东	南
	努内斯		范托尼
			1NT
不叫	不叫	不叫	2♢
2♡	加倍	2♠	不叫
3♣	不叫	3♢	全不叫

我不清楚东西家叫牌的准确含义——看起来他们是打 DONT（一种约定叫：加倍表示单套牌，叫牌是自然的，并保证另有一个更高级别的套。——译注）——但这并不重要。一旦东家决定叫牌（谁能怪他？），他们就必将吃到负分。他们最后在讨厌的 3♢ 定约上宕了四个。

另一桌的叫牌示范了弱无将的威力。南家开叫 1♡，北家叫 1♠，南家再叫 1NT，北家放打。通过正常的进程叫到和范托内斯相同的定约，但它告诉了敌方不要插嘴。1NT 宕二。

我花了如此多的篇幅为弱无将辩护，是因为需要以此对抗诺维托·波奇的观点。这些竞叫中的好结果并非个案——它们经常发生。

我们以实际上最为重要的条目开始体系中 1NT 部份的讲解：1NT 被加倍后怎么办。多年以来，1NT 被加倍后有多种逃叫手段，但我认为范托内斯的显然最好。他们意识到当 1NT 被加倍时，最佳定约可能是打被加倍的 1NT，所以他们不打很多人喜欢的自动以再加倍逃叫。

取而代之的是，应叫方有两个简单的选择：有五张以上套他可以转移到这门花色上，其他的牌不叫。再加倍是转移到梅花，2♣转移到方块，等等。

如果应叫方不叫，他的下家也不叫，弱无将的开叫方有三个选择。他可以选择打被加倍的 1NT，可能是 4333 牌型。他也可以叫自己的五张套。或者他以再加倍"求救"，通常是一些 4432 牌型(或 4441)的牌，但也可能是 5422 型。持 5422 牌型，他可以直接叫出自己的五张套，也可以求救。

开叫方再加倍之后，应叫方做最便宜的叫牌，可能是三张套。例如持 4333 牌型，应叫方会在再加倍之后叫 2♣并预期辗转逃向一个七张配合。持一手得体的牌，应叫方可以选择停在 1NT 再加倍上。

如果 1NT 后两家不叫，第四家加倍，逃叫手段也类似，只是叫牌者颠倒了一下。轮到 1NT 开叫方叫牌，他可以直接逃向自己的五张套，但多数时候他会不叫，看看应叫方想干什么。现在应叫方可以选择再加倍求救；也可以自然叫出一门低花……他第一轮没有做转移叫，不像有五张高花。最后，应叫方可以选择打被加倍的 1NT。

这儿有一个范托内斯逃叫手段的例子，结局并不那么令人开心：

南家开叫 南北有局	♠9 4 ♡8 7 5 2 ◇10 9 5 ♣6 5 3 2	
♠K Q 7 6 3 ♡K J 4 ◇K Q 8 ♣K 8	N W E S	♠J 10 5 2 ♡9 6 3 ◇A 7 2 ♣A Q 10
	♠A 8 ♡A Q 10 ◇J 6 4 3 ♣J 9 7 4	

西	北	东	南
高塔德	范托尼	匹卡阿	努内斯
			1NT
加倍	不叫	不叫	再加倍
不叫	2♣	不叫	不叫
加倍	不叫	不叫	不叫

也许这手牌让范托尼想起他说过的话：我们在第一家、有局对无局的情况下未必一定拿 12 点开叫。实际上，比起克劳迪奥我更是这样：他更愿意开叫，而我有时持 12 点会不叫。

如果他们两位调换一下座位，也许福尔维奥持南家的 12 点牌在第一家不利局况下不会开叫。但克劳迪奥乐于开叫，遭到了惩罚。然后他再加倍表示这手较为均型的牌，可怜的福尔维奥叫出他的梅花套，于是他们停在次坏的定约上。

2♣加倍宕三，-800 分，对比另一桌东西打 4♠得 450 分，输掉 8IMP。打 1NT 加倍会更糟糕，在最佳防守下将丢掉 1400 分。

北家的牌面对 1NT 开叫确实是场恶梦，但并非总会得到这样的结果。我在澳大利亚全国赛上有一次类似的经验，但结果好得多：

南家开叫　♠10 9 5 2
南北有局　♡9 2
♢7 5 3 2
♣9 6 3

西		东
♠3		♠A K Q 7 4
♡A J 8 5 4 3	N	♡K 6
♢A 8	W E	♢J 6
♣K Q 8 4	S	♣J 10 7 5

♠J 8 6
♡Q 10 7
♢K Q 10 9 4
♣A 2

我是北家，同伴开叫 1NT，又是第一家不利局况。我感觉糟了，虽然使用范托内斯的逃叫技术，我们可以逃到 2♢，最佳防守下可以宕三：在敌方能打成满贯的情况下不是灾难。

但叫牌进程完全没有向那个方向发展：

西	北	东	南
	雅各布斯		汤普森
			1NT
2♡	不叫	2♠	全不叫

西家的 2♡是多义兰迪(Multi-Landy)：红心加一门低花。不大清楚我们对手的 2♠是否逼叫，反正他们把能打成两个满贯的牌歇在了部份定约上。我们潜在的灾难变成了巨大收获。

好，现在我们假设 1NT 开叫后敌方没有介入。毫无疑问，你在 1NT 开叫后已经有合意的叫牌手段，你可以直接把它移植到范托内斯体系中来。我们没有深入研究范托内斯体系对 1NT 的应叫，如果你愿意了解，它们列在“范托内斯体系约定卡”一节中。

下面是一些必需的手段：

1. 简单的斯台曼是必需品

斯台曼对于弱无将是必需的，因为它是逃叫的组成部份。比如假设你持：

♠×××　♡×××　◇×××　♣××××　(对不起，给了你一手讨厌的0点牌！)

同伴开叫1NT，你的右手敌方不叫，你得赶紧逃跑。你的左手敌方可能正等着使用你所见过的最强的惩罚性加倍，但如果你使用斯台曼，对敌方来说事情就变得复杂的多。如果有点运气你能找到至少七张配合，而敌方未必有合适的手段或持牌去惩罚你。所以斯台曼是必备的。

这里是一个斯台曼逃叫的例子：

南家开叫
双方有局

北：♠7 6 3　♡Q 9 3 2　◇10 8 4　♣7 3 2

西：♠A 9 8 4　♡8 5 4　◇K Q 7　♣A 9 8

东：♠J 2　♡A K 7 6　◇J 9 6 2　♣K 10 4

南：♠K Q 10 5　♡J 10　◇A 5 3　♣Q J 6 5

西	北	东	南
	努内斯		范托尼
			1NT
不叫	2♣	不叫	2♠
不叫	不叫	不叫	

2♠宕四，-400。1NT也许会被放打，也许不会。钉死弱无将并不那么容易。

在另一桌,南家开叫 1♣,西家加倍,然后简单叫到 3NT 得 600 分。

2. 找到 1NT 开叫方的五张高花

你的工具必须能准确地找出开叫方的五张套,特别是高花套。做到这一点有很多方法,范托内斯的手段只是其中一种。它更可取的地方在于除了得到需要的信息之外,并不向敌方揭示开叫方更多的情况。

范托内斯体系有两个选择来发现五张高花。直接叫 3♣是问五张高花套。如果开叫方没有,将在泄露最少信息给敌方的情况下叫到 3NT。

另一个选择是,在对斯台曼做出二阶高花答叫后,第二次询问(2♡之后的 2♠,2♠之后的 3♣)将问出所叫高花是不是五张套。这一缓慢询问的手段主要适用于应叫方持 4–3 高花是。你需要斯台曼找到 4–4 配合,但如果同伴叫出你的三张套,你需要一个叫品去弄清是否有 5–3 配合。

3. 应叫方可以选择谁主打四阶高花

使用弱无将时,哪一边主打更好并不确定。用强 1NT 开叫时,绝大多数时候你希望 1NT 开叫方成为庄家,但打弱无将时则未必。看一下这两手牌:

♠A K J×××	♡××	◇A×	♣×××
♠A K J×××	♡K×	◇×	♣××××

两手牌你都准备叫到 4♠,但该由谁主打呢?第一手牌同伴应该成为庄家:你没有需要保护的间张。第二手牌该由你主打:并不是仅仅为了保护♡K,隐藏你的牌型也会使防守更困难。你应该有两种不一样的办法叫到 4♠。

范托内斯体系使用南非得克萨斯(South African Texas)转移叫使开叫方成为庄家。4♣是要求同伴叫 4♡,4◇是要求同伴叫 4♠。要让应叫方做庄,先使用斯台曼,然后自然叫出高花长套。当然,开叫方的答叫可能叫出应叫方的套,但那样至少是 6–4 配合,哪边做庄不那么重要了。

我们以一副几乎使范托尼和努内斯赢得2010年美国斯苹果尔德杯(但最终功败垂成)的牌结束本章。

南家开叫
双方无局

北：
♠K 9 8
♡A K 7
◇K Q 9 4 3
♣4 2

西：
♠5 3
♡Q 10 9 6 2
◇10 5 2
♣K 9 3

东：
♠Q J 7 4 2
♡8 5
◇—
♣A J 10 7 6 5

南：
♠A 10 6
♡J 4 3
◇A J 8 7 6
♣Q 8

西	北	东	南
格雷科	范托尼	汉普森	努内斯
			1NT
不叫	3♣	加倍	3◇
不叫	3♡	不叫	3NT
不叫	4◇	全不叫	

这是决赛的倒数第三副牌。除这副牌之外,格雷科(Greco)和汉普森(Hampson)所在的戴蒙德(Diamond)队领先5IMP。

汉普森的加倍拯救了他的队伍。如果没有他的加倍，南家将主打3NT,西家没有理由首攻致命的梅花:庄家有九墩。

南家的3◇否定持四张高花加五张低花的牌，也否认有梅花挡张。北家的3♡表示三张套,试图寻找南家的五张红心,南家的3NT否定五张高花。范托尼知道同伴挡不住梅花,3NT肯定不是好定约,所以他逃向4◇,正确地决定持15点对着同伴的开叫打部份定约!

他是对的,5◇毫无机会:那正是另一桌的定约(南开叫1◇,东西方争叫过梅花)，宕二。如果努内斯打成 4◇能得 6IMP，他们将以 1IMP 之差赢得这场比赛。防守从两轮梅花换攻将牌开始。致胜的打法是调将后兑现所有高花赢张，再以任何一门高花投入。敌方进手后只能给庄家一手将吃，另一手垫掉剩下的输张。当然，这是小概率的路线，仅在两门高花都是 5-2 分布时生效。努内斯采用了正确的打法：兑现两墩红心，以第三轮红心脱手。这条路线只需要黑桃大牌分家，不管高花牌型分布如何。不幸的是，他打的机会不在，结果是宕一，得 2IMP，还不够。

对深入研究叫牌哲学的人来说，这手牌是很好的素材。只看南北的牌，假如敌方保持沉默，你觉得怎样的叫牌进程是正确的？如果你接受任何实用的叫牌体系都不会允许你停在方块部份定约上，叫牌进程就该是 1NT-3NT(不管哪边主打)。有 50%的机会首攻者没有五张梅花，因为他很像有至少四张高花套，所以他会倾向于首攻高花而不是低花。

很多打弱无将的牌手会这么叫，但像范托内斯那样允许持五张高花开叫牌手不会。这会让范托尼和努内斯遗憾，因为如果他们叫 1NT-3NT，2010 年的斯苹果尔德杯肯定是他们的。

二阶开叫

这是范托内斯体系的回报。

逼叫的一阶开叫有得有失:持超强牌时非常好,但在低阶有时不够精确。对我关于弱 1NT 是赢家的判断,你也许同意,也许不同意。

但确定无疑的是:10~13 点的二阶开叫是大赢家。统计结果证实了这一点,也得到了理论的支持。

我们谈谈理论。阻击叫的目的是迫使敌方在较高的阶数上开始叫牌,如果这手牌属于他们。那么持太强的牌在高阶开叫效果不佳就是顺理成章的,因为这手牌不像是属于敌方的,而开叫的一方反而受到阻击。这就是为什么艾柯二开叫不再受欢迎的原因,这样的开叫失去了阻击敌方的机会。

较少被认识到的是,阻击叫太弱也是缺乏效果的。有两个原因:一是很弱的阻击叫更容易被惩罚;二是敌方加入叫牌不大像会宕。这是个简单的算术问题。

10~13 点的二阶开叫是恰到好处的阻击:既不太强也不太弱。它弱到阻击吸引敌方想要,或者需要加入叫牌;但也强到有不错的机会使敌方一旦叫牌就已经高了。

这里有一些最高级别赛事中的牌例:

南家开叫
双方有局

	♠J 10 6 3 2 ♡8 4 ◇A J ♣K 10 9 6	
♠K 9 5 4 ♡10 6 5 ◇K 10 9 2 ♣5 2	N W E S	♠A Q 8 ♡K Q 2 ◇8 5 ♣A 8 7 4 3
	♠7 ♡A J 9 7 3 ◇Q 7 6 4 3 ♣Q J	

西	北	东	南
海尔尼斯	范托尼	海尔格莫	努内斯
			2♡
不叫	不叫	2NT	全不叫

2NT 是个糟糕的定约，宕二。但海尔格莫能怎么办？他不能在本方很可能打成有局方的成局定约时放打 2♡。在另一桌，南家开叫 1♡，北家应叫 1♠。东家在敌方开叫和应叫后没有受到参与叫牌的诱惑，最好南北打 2♡宕一，范托内斯得 7IMP。

南家开叫
双方有局

	♠10 5 4 ♡J 10 9 5 4 ◇J 7 3 ♣J 3	
♠J ♡A K 2 ◇A 10 8 ♣K Q 10 8 7 4	N W E S	♠A Q 9 7 ♡Q 8 7 3 ◇9 6 4 ♣6 5
	♠K 8 6 3 2 ♡6 ◇K Q 5 2 ♣A 9 2	

西	北	东	南
巴里奇	范托尼	祖姆金斯基	努内斯
			2♠
加倍	不叫	3♡	不叫
4♣	不叫	5♣	全不叫

2♠开叫压缩了叫牌空间，东家不得不在第一次叫牌时猜测该叫红心还是显示黑桃止张，他猜错了。在黑桃首攻后5♣♠可以打成，但巴里奇(Balicki)选择了正常路线，宕二。

另一桌的开叫是1♠，多了一阶可用的空间，东西毫无困难地叫到最佳的3NT定约，得到十墩和13IMP。

开叫二阶低花同样有效：

北家开叫 双方有局	♠A 10 9 7 2 ♡K 9 ♢8 6 5 ♣8 7 6	
♠Q 8 ♡A 7 5 4 ♢A Q 7 4 3 2 ♣K	N W E S	♠K J 3 ♡10 8 3 ♢K J 9 ♣J 10 5 4
	♠6 5 4 ♡Q J 6 2 ♢10 ♣A Q 9 3 2	

西	北	东	南
布林克	努内斯	德莱弗	范托尼
	不叫	不叫	2♣
2♢	2♠	3♢	全不叫

这对顶尖荷兰组合舒服地得到 130 分，但代价是 10IMP。另一桌西家在第四家开叫 1◇，北争叫 1♠，东家叫 1NT。东西方很快叫到 3NT，并在黑桃首攻后轻松打成。

你可以指责德莱弗叫 3◇而不是 2NT，但那太苛刻了。3◇毕竟是理论上的最佳定约：首攻红心能打宕 3NT，而且他的两个对手似乎都显示了实力。

南家开叫
双方有局

北：
♠Q 8 7 3
♡A 4 3
◇J
♣Q J 8 6 4

西：
♠A K J 10 4
♡10 2
◇Q 9 8 2
♣K 10

东：
♠9 6 5
♡Q 7 6 5
◇A 10 6 5 4
♣2

南：
♠2
♡K J 9 8
◇K 7 3
♣A 9 7 5 3

西	北	东	南
哈曼	努内斯	齐亚	范托尼
			2♣
2♠	3♠	4♠	不叫
不叫	加倍	全不叫	

哈曼和齐亚为了阻止敌方得 130 分输掉了 500 分。也许齐亚可以满足于加倍 3♠，但他的牌型很好，而且他希望把对手逼上错误的定约。

另一桌，哦……这看起来像是重复了。南家在一阶开叫，西家争叫 1♠，北家叫 1NT，东西家再也不会冒险叫得太高了。南北方最后以 4♣买下定约，双明手的结果。

范托内斯二阶开叫使双明手的结果难以实现！

在这些牌例中，二阶开叫拥有一定实力是重要因素。它有助于改善范托内斯打宕敌方叫到的任何定约的机会。比如荷兰人的打 3◇定约那副牌，二阶开叫向对手的脑海里撒下了怀疑本方能否有成局定约的种子。弱二开叫(6~10 点)也能阻击敌方，但敌方更像能打成他们最终叫到的定约。范托内斯二阶开叫拥有一定防守实力，决定了其有效性。

范托内斯二阶花色开叫既凭自身的牌力得到很好的结果，也给坚实的一阶花色(通常 14 点以上)开叫奠定了基础。这是一个双赢的方案，是决定范托内斯体系是个好体系的关键。

二阶级花色开叫不仅在敌方不成功地加入叫牌时获利，敌方不叫时也一样：

南家开叫
双方无局

北：♠J 6 5 ♡9 8 7 ◇9 5 ♣A K 10 9 3

西：♠Q 8 7 4 3 2 ♡10 ◇K 7 3 2 ♣Q 2

东：♠A K ♡K 4 ◇Q J 8 4 ♣J 8 7 6 5

南：♠10 9 ♡A Q J 6 5 3 2 ◇A 10 6 ♣4

西	北	东	南
杜伯恩	范托尼	波奇	努内斯
			2♡
不叫	3♡	不叫	4♡
全不叫			

4♡轻松打成。另一桌的开叫是 1♡，沃萨奇争叫 1♠，对杜伯恩是不可能的选项。结果东西方叫到 4♠。找到方块将吃可以将其打宕两墩，但

南北方略微判断错误，叫到5♡，宕二，11IMP的输赢。

南家开叫 双方有局	♠A 8 7 ♡4 ◇10 8 6 2 ♣10 9 6 5 2	
♠J 10 3 ♡10 7 6 5 2 ◇K J ♣K Q 4	N W E S	♠K Q ♡A Q J 9 8 3 ◇9 4 ♣8 7 3
	♠9 6 5 4 2 ♡K ◇A Q 7 5 3 ♣A J	

西	北	东	南
列文	范托尼	魏因斯坦	努内斯
			2♠
不叫	3♠	全不叫	

同样一手牌在另一桌是东家在1♠-2♠之后叫3♡，达到能打成的成局定约。

请注意这些牌例中的对手都是高级别选手。他们中的每个人，在绝大多数人的心目中的排行榜上都位列这个星球上前20对之中。被范托内斯二阶开叫困扰的可不是善男信女。

好了，推销就到这里。现在你可能会想："这很好，但二阶开叫阻击到自己时会怎么样？你的取样不完整。"

某种程度上你的对的。二阶开叫会打板弹回来阻击到自己，但取样不全的指控没有依据：实际发生的二阶开叫阻击到自己的例子非常少，比我们前面看到的"阻击到敌方"的例子少很多。

为了诚实报道，这儿有一个牌例，来自2007年斯苹果尔德杯：

南家开叫 南北有局	♠10 7 6 5 3 2 ♡10 ◇A J 3 ♣K 9 2	
♠A 9 ♡A 9 5 4 3 ◇9 6 ♣Q 8 6 4	N W E S	♠J 8 ♡K 6 ◇10 8 5 4 ♣A J 10 7 3
	♠K Q 4 ♡Q J 8 7 2 ◇K Q 7 2 ♣5	

西	北	东	南
赵杰	努内斯	福中	范托尼
			2♡
不叫	不叫	不叫	

错误的定约，宕二。北家很无助：他没有办法安全地脱离 2♡，而且 2♡ 可能是正确的定约，如果南家有六张红心并且只有一张黑桃的话。南北方真正需要的是东西方以梅花争叫(南家可以对此做技术性加倍)，但东西家被刻意阻击住了！

另一桌南家开叫 1♡，北应叫 1♠。虽然东西方猛叫梅花，南北还是精确地停在 3♠ 上并打成。丢了 9IMP。

六张配合很差,但更糟糕的是五张配合:

南家开叫
南北有局

	北	
	♠— ♡J 10 4 2 ◇K Q J 9 8 7 2 ♣5 3	
西 ♠9 7 5 4 3 2 ♡K 5 ◇A 10 ♣K Q J		东 ♠Q 6 ♡Q 9 8 6 ◇6 4 3 ♣A 10 9 8
	南 ♠A K J 10 8 ♡A 7 3 ◇5 ♣7 6 4 2	

西	北	东	南
布拉蒂	努内斯	兰扎洛蒂	范托尼
			2♠
不叫	不叫	不叫	

另一桌的开叫是 1♠,北家应叫 1NT 使南北方得以找到他们的 3◇定约。

范托内斯二阶开叫最悲惨的结果通常是他们搁浅在开叫上,同时在另一门花色上有部份定约可打。他们损失的是部份定约。

对二阶开叫的应叫结构给了我们改善部份定约的机会,但你将会看到,它并非总能成功。

范托内斯二阶开叫的另一个弱点是持传统弱二开叫的牌开始只能不叫。弱二开叫是赢分的叫品。例如某次欧洲杯决赛上的这副牌:

东家开叫
双方无局

北：♠K J 5 4　♡Q　◇K Q 8 3　♣A 7 6 3

西：♠10 2　♡K 6 2　◇A J 5　♣Q 10 9 4 2

东：♠A Q 9 3　♡9 5 3　◇10 9 7 4　♣K 8

南：♠8 7 6　♡A J 10 8 7 4　◇6 2　♣J 5

西	北	东	南
德莱弗	努内斯	布林克	范托尼
		不叫	不叫
不叫	1♣	不叫	1◇
不叫	1♠	不叫	2♡
全不叫			

范托尼在第二家只好不叫。没有可怕的事情发生，他最终打上了正常的2♡定约宕一：丢掉三墩黑桃、一墩梅花、一墩方块和一墩红心。

另一桌：

西	北	东	南
海尔尼斯	穆勒	海尔格莫	维伊斯
		不叫	2♡
不叫	不叫	加倍	不叫
3♣	加倍	全不叫	

弱二开叫奏效了。它是南北叫到与另一室同样的定约，但是更快。海尔格莫认为本方的定约可能被偷走了，他做了一个较轻的平衡加

倍，结果在3♣加倍上丢了300分，输8IMP。弱二开叫是很好的叫牌武器，就像范托内斯二阶开叫一样，但发生的频率较低。根据我们的统计，范托内斯二阶开叫的频率大约比弱二高花开叫多九倍。

当应叫方有足够实力叫牌时，会不会因为面对高阶开叫而没有足够空间探索正确的部份、成局或满贯定约？这个问题很少出现，因为对二阶开叫有严格的牌型约束。

下列牌型第一、二家不允许在二阶开叫：

——5332(不叫或开叫1NT)

——5422(不叫或开叫1NT)

——双高花(不叫或开叫一阶高花)

在这一约束下，二阶开叫要么是六张套，要么有短门。应叫方的接力通常能够发掘出整手牌的牌型分布，从而做出明智的决定。

现在是时候再次讨论体系了。

范托内斯体系四门花色的二阶开叫都遵循以下原则：

——应叫方加一级都是接力问叫，询问开叫方的牌型。应叫方接下来会有机会做第二接力(可能还会有第三次)问出开叫方精确的牌型。

——在第一次接力后，应叫方通常可以在三阶会到开叫花色上，这是邀叫。

——在第一次接力后，如果应叫方叫一门新花色(并非第二次接力的)，是自然的进局逼叫。换言之，这里总有回到自然叫牌的选项。

——在2♡或2♠开叫后，应叫方加两级是显示另一高花套，以后的叫牌是自然的。

也就是说，2♡-2NT表示黑桃套，2♠-3♣表示红心套。

——简单加叫是自然的，没有成局兴趣：基于阻击的叫品。

——在三阶跳叫新花表示长套和邀请实力。

2♣开叫

2♣开叫表示 10~13 点非均型牌,至少五张梅花。

2♣开叫有点类似精确制的 2♣。我们将见到应叫方能通过接力揭示开叫方的牌型:可能需要三次接力。应叫方可以在任何时候以自然叫品脱离接力,然后叫牌就转向自然序列。

对 2♣开叫的应叫如下:

2◇	接力,询问牌型信息:邀叫以上牌力。
2♡/♠	自然叫,不逼叫,牌力通常在 7~11 点。 这是少数二阶开叫后应叫方可以试图改善部份定约的情况之一。
2NT	五张以上黑桃,四张以上红心,邀叫牌力。
3♣	不逼叫的加叫。
3◇/♡/♠	邀叫,单套牌,通常是强六张套或者七张套。

除了 2◇接力外,所有这些进程后续都是自然发展。

2♣–2◇(接力)

开叫方的主要责任是显示三张或四张高花。他的再叫如下:

2♡/♠	至少三张。
2NT	2236、2227 或(12)37 牌型,高限。6322 牌型时,三张套可能是方块,但也可能是弱的三张高花,比如三张小牌,那样开叫方可以决定不以 2♡或 2♠显示它。

这是进局逼叫：应叫方可以叫3♣确立将牌，也可以叫新花表示强套。

3♣　　六张套，低限。可以有四张方块。后续叫牌自然。

3♢　　六张方块，四张方块，非低限。

3♡　　0445牌型。

3♠　　4045牌型。

开叫方最常见的（也是最含糊的）再叫是2♡或2♠。应叫方的再叫是：

2♠　　（在2♡之后）自然叫，五张以上套，逼叫到局。后续发展自然。

2NT　　下一个接力，后续发展见后。

3♣　　自然叫，不逼叫但是邀叫。

3♢/♡　　（在2♠之后）新花色是自然的进局逼叫。

3♡/♠　　（加叫）表示五张以上支持，确立将牌。

3NT　　止叫。

2♣–2♢–2♡/♠–2NT后：

3♣　　六张梅花

3♢　　四张套：所以开叫方持(31)45牌型

2♣–2♢–2♡–2NT

2♣–2♢–2♠–2NT

所叫套三张，上次叫的高花四张：所以开叫方持(34)15牌型。

开叫方以3♣显示六张梅花后，这里有个最后的接力可用。应叫方可以叫3♢，开叫方进一步描述。

2♣–2♢–2♡–2NT–3♣–3♢后：

3♡　　六张梅花和四张红心。

3♠　　3316 牌型。

3NT　　1336 或 2326 牌型。也就是否定三张黑桃。

2♣-2◇-2♠-2NT-3♣-3◇后：

3♡　　4306 牌型，或者三张小红心的 3316 牌型。

3♠　　六张梅花和四张黑桃，少于三张红心。

3NT　　3136 或 3226 牌型。

对最后接力的答叫本质上是半自然的。3NT 再叫表明高花没有额外长度。

叫牌示例

西	东
♠J×××	♠A Q×
♡K××	♡A××××
◇×	◇Q××
♣A K×××	♣Q×

西	东
2♣	2◇
2♠	2NT
3♡	4♠
不叫	

开叫方对接力叫显示黑桃，应叫方再次接力，开叫方以3♡显示4315牌型。

西	东
♠J××	♠A Q×
♡××	♡A××××
◇K×	◇Q××
♣A K××××	♣Q×

西	东
2♣	2◇
2♠	2NT
3♣	3◇
3NT	不叫

这次开叫方显示六张梅花，应叫方再次接力，但开叫方否认高花有额外长度，应叫方选择3NT

西	东
♠K×××	♠A××
♡××	♡A Q J×××
◇×	◇Q××
♣A K××××	♣Q

西	东
2♣	2◇
2♠	3♡
4♡	不叫

在类似的开始之后，应叫方介绍他的强套，开叫方加叫。

西	东
♠K Q×	♠A××
♡A×××	♡K××
◇×	◇A J××
♣Q××××	♣J××

西	东
2♣	2◇
2♡	3♣
不叫	

应叫方持一手普通的邀叫牌。他接力之后回到3♣。开叫方也没有额外牌力，就不叫了。

西		东
♠K×		♠A Q×
♡×××	N W E S	♡A××××
◇J×		◇Q××
♣A K J×××		♣Q×

西	东
2♣	2◇
2NT	3NT
不叫	

开叫方显示高限均型牌，忽略了三张小红心。因为开叫方没有叫2♡，应叫方对潜在的弱5-3配合不感兴趣，简单加叫到局。

2◇开叫

2◇开叫表示10~13点非均型牌，至少五张方块。

范托内斯体系中，2◇开叫后的叫牌与其他二阶开叫后有些不同。接力问叫是2♡，开叫方以显示短门而不是可能的第二套开始描述他的牌。

描述与范托尼和努内斯实际所用的略有差异：再叫更为对称，因而更易于记忆：

对2◇的应叫是：

2♡　　人为的接力叫。

2♠　　邀叫示例，至少5-4高花。

2NT　　三种持牌类型之一：

——止叫于3♣。

——5-5高花的进局逼叫。

——单套牌进局逼叫。

3♣　　自然的邀叫，梅花套。

3◇　　阻击性加叫。

3♡/♠　　自然的邀叫，单套型，通常是强六张套或者七张套。

2◇-2♡（接力）

开叫方以报短门（单张或缺门）开始：

2♠　　短红心。

2NT　　高花无短门，可能是梅花短门。

其余的叫品都是短黑桃：

3♣　梅花套，大约是1354（或者1255、0364等）。

3◇　五张方块和四张红心，所以是1435牌型（或0454型）。

3♡　六张方块和四张红心，所以是1462牌型（或0463、1561等）。

3♠　六张方块和三张红心，所以说1361牌型（或0373、1372等）。

现在看看表示短红心的2♠再叫。应叫方可以用2NT再次接力，接下来开叫方对称地显示他短红心的牌：

3♣　梅花套，所以大致是3154牌型。

3◇　五张方块和四张黑桃，所以大致是4153牌型（或4054型）。

3♡　六张方块和三张黑桃，所以大致是3163牌型。

3♠　六张方块和四张黑桃，所以大致是4162牌型。

在开叫方表示两门高花都至少有两张的2NT再叫后，应叫方的第二次接力是3♣。开叫方以下列叫品完成描述：

3◇　梅花短门（单张或缺门），两门高花都至少有三张，通常是(43)51或3361牌型。应叫方现在可以叫出四张高花来发掘4–4高花配合。

3♡　六张方块和四张红心，所以大致是2461牌型。

3♠　六张方块和四张黑桃，所以大致是4261牌型。

3NT　无短门：6322或7222牌型。

叫牌示例

西	东
♠A×××	♠K Q××
♡×	♡A K×××
◇A Q×××	◇××
♣×××	♣J×

西	东
2◇	2♡
2♠	2NT
3◇	4♠
不叫	

开叫人先显示短红心，然后是大致 4153 牌型。

西	东
♠××××	♠A××
♡K×	♡××
◇A K××××	◇××
♣×	♣A K Q J××

西	东
2◇	2♡
2NT	3NT
不叫	

开叫方显示两门高花都至少有两张。应叫方乐于在防守方对同伴的牌型没有更多线索时成为 3NT 的明手。给出一个通往由正确一方主打的完美定约的例子对我来说很容易。挑出一手开叫方的 2NT 导致 3NT 定约由错误的一方做庄的牌例也很容易。你不可能面面俱到。

西		东
♠×		♠A K×××
♡A××	N	♡K×××
◇Q J×××	W E	◇×
♣A×××	S	♣K××

西	东
2◇	2♡
3♣	不叫

开叫方描述了大致1354牌型。应叫方把他扔在3♣上，他在这手失配牌上能做的大概也就如此了。

2◇–2♠（邀叫，双高花）

应叫方必须持至少5–4高花才能这么叫。这里狭小的空间刚好够实用的叫牌所用。开叫方的再叫如下：

2NT　表示基于应叫方的准确牌型，对某一高花定约感兴趣。应叫方此时再叫：

3♣：大致是五张红心加四张黑桃。

3◇：大致是五张黑桃加四张红心。

3♡：大致是5–5型。

开叫方现在可以选择一个好定约。

3♣　双低花，两高花均短，希望打三阶低花。

3◇　六张以上方块，对高花定约没有兴趣。

越过3◇的叫品是选择定约。最后，当然开叫方也可以持低限和至少三张黑桃时在2♠后不叫。

叫牌示例

西	东
♠J××	♠K×××
♡×	♡A K×××
◇A K××××	◇J×
♣A××	♣××

西	东
2◇	2♠
2NT	3♣
3◇	不叫

在应叫方显示了双高花之后，开叫方在同伴有五张黑桃时对4♠有兴趣。但应叫方表示五张红心但只有四张黑桃，所以开叫方提供了3◇备选。如果应叫方持，比如4513牌型，他从2NT这一叫品中知道开叫方对某个高花有兴趣，可以在3◇之后再叫。

西	东
♠×	♠K Q×××
♡Q×	♡A K×××
◇K Q×××××	◇—
♣A××	♣×××

西	东
2◇	2♠
3◇	3♡
不叫	

应叫方显示双高花，开叫方试图止叫于3◇：应叫方表示不喜欢打方块定约。这个陷阱对任何体系都不容易：你可以试试用标准制

叫，在1◇开叫之后。

2◇–2NT（**梅花套的止叫，或者单套或双高花的进局逼叫**）

开叫方必须叫3♣，不管持什么样的牌，所以应叫方得以持梅花套的止叫牌在此后不叫。

接下来应叫方有两个选择。他可以叫3♡、3♠或4♣表示强套，通常是六张以上的好套。在3♡或3♠之后，开叫方可以在叫3NT表示在同伴的套上单缺，建议打此定约；或者再叫方块表示六张以上强套——任何其他再叫都是配合同伴长套的扣叫。

如果应叫方再叫3◇，开叫方下一步叫最便宜的三张高花。应叫方持双高花或者一个五张高花套时，他可以轻松找到5–3配合。

叫牌示例

西		东
♠××	N W E S	♠A K Q J××
♡A Q×		♡K×
◇K Q××××		◇A×
♣Q×		♣×××

西	东
2◇	2NT
3♣	3♠
4♡	4♠
不叫	

应叫方显示黑桃强单套牌。开叫方扣叫，但应叫方因为缺少梅花控制而止叫。

西		东
♠×	N W E S	♠A Q×××
♡K××		♡A Q×××
◇Q J×××		◇×
♣K J××		♣A×

西	东
2◇	2NT
3♣	3◇
3♡	4♣
4♡	不叫

应叫方问三张高花，找到了红心配合。应叫方试探满贯，但开叫方像我的搭档一贯的那样：拿着错误的牌。

西	东
♠×××	♠K××
♡×	♡K Q×××
◇A Q J××	◇K×
♣A Q××	♣K J×

西	东
2◇	2NT
3♣	3◇
3♠	3NT
不叫	

应叫方问三张高花，简单满足于4♡或3NT。

2♡开叫

2♡开叫表示10~13点非均型牌，至少五张红心，并且少于四张黑桃。

2♡和2♠开叫后的发展比二阶低花开叫后简单一些。这里可用于接力的空间更少，但幸运的是开叫人需要披露的信息也更少，因为他不会有另一门高花。二阶高花开叫要么是单套牌，要不边花套是低花。

我们将分别处理2♡和2♠开叫，虽然两者的后续叫牌非常近似。

2♠	人为的接力，至少有邀叫实力。
2NT	五张以上黑桃，至少有邀叫实力。
3♣	梅花套，至少有邀叫实力。
3◇	方块套，至少有邀叫实力。
3♡	阻击性加叫。
3♠	对红心的斯普令特加叫(4♣和4◇也是)。

自然的三阶应叫后没有太多可说的。3♣或3◇应叫之后的3♡不逼叫。其他后续叫牌将叫到局。

2♡-2♠(接力)

开叫方将显示一个低花套或表示单套牌。在多数再叫后，应叫方可以回到3♡表示只有邀叫实力……所有其他进程逼叫到局。

2NT	没有低花，所以至少有六张红心。
3♣	梅花套。
3◇	四张方块。

3♡　　五张方块。

2NT、3♣和3◇再叫后都有第二次接力。在表示六张以上红心的2NT后，应叫方可以叫：

3♣　　要求开叫方显示短门（3◇和3♠表示所叫花色是短门，3♡表示梅花短门，3NT否定有短门，所以是6322或7222牌型）。

3◇　　确定红心为将牌，要求扣叫。

3♡　　邀叫实力。

在3♣再叫之后，应叫方可以用3◇再次接力获取开叫方更多的牌型信息。开叫方的再叫：

3♡　　五张梅花。

3♠　　四张梅花加黑桃"片段"，大致是3514牌型。

3NT　　四张梅花加方块"片段"，大致是1534牌型。

注意这里与2♡-2♠-3♡的对称性：两者中的3♡都表示五张低花。

在3◇再叫后，3♡是第二次接力（这是唯一一个应叫方回到开叫方主套不表示邀叫实力，而是接力的情况）。开叫方再叫：

3♠　　黑桃"片段"，大致是3541牌型。

3NT　　梅花"片段"，大致是1543牌型。

至此你可能会问：开叫方如何描述一手六张红心加四张低花的牌？哦，他唯有决定什么是这手牌主要特征。持一个强六张高花，也许他会忽略低花套；相反，持一个弱六张套就处理成五张，显示低花套。

同样重要的是，明白在开叫方尽可能显示了他的牌型后，你的下一个叫品是什么？换言之，"然后怎么办"？

显而易见的是应叫方可以选择一个成局定约，但如何试探满贯呢？我们的规则是：

——在所有接力用完之前叫新花色是自然的，后续叫牌也是自然叫。

接力结束后：

——叫一门非开叫方短门的花色，是确立将牌要求扣叫。

——叫开叫方显示过的短门花色(单张或缺门)，是配合开叫方高花的人为满贯试探。

——如果上述人为满贯试探不可用的话，叫开叫方未显示长度的另一门高花，也是配合开叫方高花的人为满贯试探。

——其他所有情况下，新花色是自然的。

这些原则同样适用于2♣或2◇开叫。

下面是一些帮助你澄清上述原则的例子：

西	东
2♡	2♠
3♣	3◇
3♠	4◇
不叫	

开叫人显示大约3514牌型。应叫方对红心满贯有兴趣。开叫方持低限牌可以4♡止叫，或者持额外牌力越过4♡。

西	东
2♡	2♠
3♡	?

开叫方显示两门红花色5-5。应叫方有哪些选择？他可以止叫于3NT、4♡或5◇。4◇显然是确立方块为将牌开始扣叫。4♣是自然叫，表示至少六张套。3♠，另一高花，表示红心满贯试探。

西	东
2♡	2♠
2NT	3♣
3♡	?

开叫方显示六张红心和短梅花。这使得4♣成为红心满贯试探；应叫方叫其他新花色是自然叫。

这是2011年意大利公开队式赛上的实战牌例，示范了所有范托内斯二阶开叫的优势：

东家开叫 南北有局	♠Q 10 6 2 ♡Q 9 ◇A J ♣K Q 10 8 2	
♠A K 5 4 ♡8 3 2 ◇K 9 4 3 ♣9 6	N W E S	♠J 9 8 7 ♡J 10 5 ◇Q 8 7 6 2 ♣3
	♠3 ♡A K 7 6 4 ◇10 5 ♣A J 7 5 4	

西	北	东	南
	努内斯		范托尼
		不叫	2♡
不叫	2♠	不叫	3♣
不叫	3◇	不叫	3♡
不叫	4♣	不叫	4♡
不叫	4NT	不叫	6♣
全不叫			

范托尼首先显示梅花套，接着在3◇二次接力后揭示5-5型。努内斯确立梅花为将牌，范托尼扣叫红心（否定方块控制）。努内斯否认黑桃控制，他的4NT是特博，表示偶数个关键张。

现在范托尼知道方块有控制，他自己有两个关键张，所以跳到这个26

点的满贯。注意他们如何控制叫牌节奏。这是特博约定的一个特征，任何一方都可以决定最终定约；而不是必须由最初使用接力叫的一方做决定。

在另一桌，老牌巨星班尼托·葛罗索(Benito Garozzo)，可能是桥牌史上最伟大的牌手，坐西。南家开叫1♡，他争叫1♠！多么及时的干扰，北家叫2♣，东家以阻击性加叫3♠进一步阻塞叫牌进程。南北方现在缺乏空间探索满贯，最后停在5♣上。

葛罗索漂亮地判断出应该争叫(有利局况，对着未能开叫的同伴，他处于守势)扭转了局面。但我们不应该忘记范托内斯2♡开叫使东西家不可能做出任何行动。不只是范托内斯接力技术使他们自信地叫出满贯，而且本质上是阻击敌方的开叫也使他们自己抢占了先机！这是范托内斯体系优势尽显的一手牌。

叫牌示例

西	东
♠A×	♠J×××
♡K Q××××	♡A×
◇K×	◇A J××
♣×××	♣J××

西	东
2♡	2♠
2NT	3♡
3NT	不叫

开叫方显示六张红心，应叫方表明他是邀叫实力。开叫方持高限均型，建议打 3NT，应叫方欣然接受。

西	东
♠A Q×	♠J××××
♡Q×××××	♡K
◇Q J××	◇A K×
♣—	♣A×××

西	东
2♡	2♠
3◇	3♡
3♠	4♠
不叫	

应叫方最初不想叫如此之弱的黑桃套，所以他代之以接力。开叫方必须决定如何描述他的牌最佳：弱红心和强黑桃促使他显示大致 3541 牌型。应叫方很高兴地叫到 4♠。这个叫牌进程看似自然的，其实不是。

西	东
♠xx	♠A K Q×
♡A K J 10×××	♡×
◇xx	◇Q××
♣K×	♣A Q×××

西	东
2♡	2♠
4♡	不叫

接力叫并不总是阻碍常识性叫牌。开叫方对他的牌只有一样可说，那就说吧。

西	东
♠J××	♠Q×××
♡A K 10××	♡×
◇A×××	◇J 10××
♣×	♣A K××

雅各布斯	汤普森
2♡	2♠
3◇	不叫

这手牌来自2012年NEC杯。它示范了如何从一个部份定约转到另一个更好的部份定约上。如果我能叫出三阶低花，汤普森很乐意打；或者，如果我有六张红心，我们可以打2NT。

2♡–2NT

这里没有什么花俏的东西。开叫方可以尝试止叫于任何一个三阶花色定约。3♣和3◇显示边花套；3♡表示六张红心。3♠表示至少两张黑桃，但没有足够的实力进局。3NT是自然的，暗示有黑桃配合，可能是3622牌型。

在四阶叫一门低花是对黑桃的斯普令特加叫。例如2♡-2NT-4♣，开叫方大致是3541或3631牌型。

2♡-3♣和2♡-3◇之后也是相同的自然叫牌。如果开叫方再叫另一高花，那不可能是自然的，是试探3NT。

2♠开叫

2♠开叫表示10~13点非均型牌，至少五张黑桃，并且少于四张红心。

和2♡开叫一样，加一级应叫是接力，再加一级是显示另一高花套，这里是红心。

2NT	人为的接力，至少邀叫实力。
3♣	五张以上红心，至少邀叫实力(开叫方再叫3◇否认任何红心支持或者六张黑桃，所以大致是51(43)牌型)。
3◇	方块套，至少邀叫实力。
3♡	梅花套，至少邀叫实力。
3♠	阻击性加叫。

2♠-2NT

开叫方的再叫与2♡开叫后类似，但略有不同。

3♣	梅花套。
3◇	四张方块。
3♡	五张方块。
3♠	六张黑桃，没有低花套可叫，低限。
3NT	六张黑桃，没有低花套可叫，高限。

你可以看到，比2♡开叫少了一级空间要付出代价。应叫方在开叫方持单套牌时，无法问短门。

3♣和3◇再叫后有对称的接力。在3♣后，应叫方可以3◇再次接力，就像2♡开叫后一样。开叫方再叫：

3♡	五张梅花。
3♠	四张梅花和红心"片段"，大致是5314牌型。
3NT	四张梅花和方块"片段"，大致是5134牌型。

在3♣再叫后，3♡是后续接力。这里开叫方只有两个可能叫品，因为五张黑桃和五张方块的牌已另有叫品：

3♠	红心"片段"，大致是5341牌型。
3NT	梅花"片段"，大致是5143牌型。

这儿有一个非常令人满意的牌例，来自2011年澳大利亚全国公开队式赛：

雅各布斯	汤普森
♠A 10 5 4 2	♠7
♡8 4 3	♡A K Q 9 4
◇A	◇K 10 4 2
♣Q 8 7 6	♣A K 5

西	东
2♠	2NT
3♣	3◇
3♠	4♣
4◇	4NT
5♠	7♡
不叫	

我用前三个叫品显示出大致5314牌型。现在本·汤普森机灵地确立梅花为将牌。我扣叫方块，汤普森问关键张。当我显示有两个关键张和♣Q时，本已对我的牌了如指掌，他叫出最后定约7♡，第一次叫出这门

花色是在七阶！他在首攻之前已经想好了做庄路线：明手将吃两次方块输张，用梅花大牌和黑桃将吃作为联通。

红心 3–2 分布，梅花 4–2 分布，7♡轻松回家。

不叫过的变化

在第三家，一切都变了。二阶开叫的上限 13 点，保持大约不变：不能显著降低，否则会使逼叫的一阶花色开叫压力过大。

但低限从 10 点降到……多少随你便：

东家开叫
南北有局

北：
♠4 2
♡9 5 3 2
◇J 3
♣K Q 10 8 5

西：
♠A 10 6
♡A
◇A K 10 9 7 5
♣A J 2

东：
♠Q 7 5 3
♡K Q 10
◇Q 8 6 4
♣7 3

南：
♠K J 9 8
♡J 8 7 6 4
◇2
♣9 6 4

西	北	东	南
	努内斯		范托尼
	不叫	不叫	2♡
加倍	3♣	加倍	不叫
3♡	不叫	3♠	不叫
3NT	全不叫		

也许是 5 点？

极弱的二阶开叫完成了使命：敌方错失了可以摊牌的方块满贯——他们甚至没有叫出这门花色。另一桌，叫牌从三个不叫开始，劳利亚和沃萨奇毫无困难地叫到6◇。

在第三家，你方对着10~13点牌不像能成局，所以大幅降低二阶开叫的低限没什么损失。不再有接力叫：所有叫牌都是自然的。我建议不叫过的一家对二阶开叫应叫2NT表示邀叫实力并且配合开叫方的花色。可能成局的唯一机会有配合：所以2NT是个闲置的叫品，你可以用它表示邀叫。

在第三家和第四家，对牌型的约束都取消。只要你愿意，可以持任何牌型在二阶开叫，包括5422和5332牌型，或者持双高花，因为随后没有另你尴尬的接力叫。

有些人不愿意接受第三家牌力范围很宽的二阶开叫。比如你打弱二高花开叫的美国标准制，持：

♠Q× ♡A××××× ◇J×× ♣A×

你是第三家，无局，两个不叫到你。你准备开叫什么？多数人会开叫1♡，说："有什么问题吗？"，但请考虑下开叫2♡，弱二。你像是或迟或早终究要叫2♡：在对1♡的绝大多数应叫后，你都会再叫2♡。既然你马上就要这样叫，还不如给敌方更多压力。因为开叫2♡丢局的可能性可以忽略不计：你的牌有八个输张，不叫过的同伴要弥补五个你才能打成4♡：不是不可能，但可能性很小。

下面是这手牌在实战中的情形：

南家开叫
双方无局

北：♠Q 9 ♡A 8 7 5 4 3 ◇J 7 2 ♣A 9

西：♠A 5 ♡10 ◇K 10 8 5 4 ♣Q J 10 5 2

东：♠K 10 3 ♡K Q 9 6 2 ◇Q 9 6 ♣8 4

南：♠J 8 7 6 4 2 ♡J ◇A 3 ♣K 7 6 3

西	北	东	南
	努内斯		范托尼
			不叫
不叫	2♡	不叫	不叫
3◇	不叫	不叫	不叫

3◇宕二。标准的进程是1♡-1♠-2♡-不叫：相同的定约，但在这一进程中，西家有机会在1♠之后叫牌。无论如何，东西方在对手采用标准叫牌时有机会得到正分。在范托内斯的进程中，东西方拿到正分更困难。

在另一桌，南家做了一个范托内斯不能叫的选择：开叫2♠。这是个完美的定约，但是……北家加叫4♠！也是宕二。

如果你能看到打弱二开叫时持北家的牌在第三家开叫2♡的好处，使用点力宽泛的范托内斯第三家二阶开叫也就没什么问题。

二阶开叫后敌方插叫的处理

如果一个敌方在二阶开叫后叫牌，所有的接力叫都取消：叫牌回归自然。再加倍表示点力，通常是10点以上，后续的加倍的惩罚性的。二阶开叫的主要目标之一是逼迫敌方叫得太高，所以适时加倍他们的是有用的。

应叫方在二阶叫新花不逼叫，但三阶新花逼叫，如果高于三阶开叫花色则是进局逼叫。

第四家在接力叫后参与叫牌怎么办？我们忽略敌方的加倍，对接力正常应叫：也许这不是最好的，但对于减少加倍带来的额外选项造成的错误有所帮助。如果第四家叫牌，接力取消：开叫方或者自然描述他的牌，或者不叫，或者做技术性加倍。

应叫方偶尔持弱牌为了改善定约而接力的情况值得考虑。这正是很多对接力的答叫是自然叫的原因。当第四家在接力后叫牌时，开叫方需小心处理。

在竞叫进程中，开叫方不必过于顾虑是否该再次回到叫牌中去。毕竟他的牌型实力都定义过了。在范托内斯二阶开叫后争叫对敌方是危险的，因为他们几乎一定会遇到坏分布！例如：

南家开叫
南北有局

♠7 4
♡A 10 4 2
◇K 9 8 5
♣K 10 8

西：
♠3
♡K Q J 9 8 3
◇Q 2
♣Q 7 6 4

东：
♠Q J 9 6 5
♡6 5
◇J 6 3
♣A 3 2

南：
♠A K 10 8 2
♡7
◇A 10 7 4
♣J 9 5

西	北	东	南
马德拉	努内斯	波奇	范托尼
			2♠
3♡	不叫	不叫	加倍
不叫	不叫	不叫	

东西家没有做错什么,却遭到了500分的惩罚。另一桌的开叫当然是1♠。西家争叫2♡,北家做负加倍,南北停在舒服的3◇定约上。范托内斯的队得9IMP。

下面是另一个再次叫牌进程,这次发出邀请的是应叫方:

南家开叫
南北有局

	♠J 8 ♡K 8 4 3 2 ◇A 10 9 4 ♣A 3	
♠A K 9 7 5 4 2 ♡Q J 9 ◇— ♣Q 7 4	N W E S	♠Q 10 6 ♡A 6 5 ◇J 6 2 ♣9 8 6 5
	♠3 ♡10 7 ◇K Q 8 7 5 3 ♣K J 10 2	

西	北	东	南
巴比斯卡	范托尼	蒂拉	努内斯
			2◇
3♠	加倍	4♠	5♣
不叫	5◇	全不叫	

这是个珍稀动物:有局对无局的牺牲叫。范托内斯并不真知道这一点，如果♡A 位置有利 5◇就打成了。来自拉脱维亚的东西家已尽其所能:叫到理论上能打成的 4♠,但看看努内斯的攻击性倾向。他首先借了一个点做 10~13 点的开叫,又勇敢地在五阶回到叫牌中来。

在另一桌,南北方没有叫过牌!东西的进程是 1♠-2♠-4♠。庄家无须击落双张♡10,因为北家在黑暗中首攻,他攻了小红心。

范托内斯的数据

互联网记录提供了大量关于范托内斯的统计信息。本节我们将提供对这些数据的简要分析。

写作本书时，范托内斯在 BBO 转播中打了 410 节，每节的副数从八副到二十副不等。他们做 1♣-2♠ 开叫的次数是 2723 次（我们省略了 2NT 以上的开叫）。

他们的表现是：

	1♣	1◇	1♡/♠	1NT	2♣/◇/♡/♠	总数
实战副数	603	177	512	754	677	2723
所占百分比	22%	6%	19%	28%	25%	100%
每牌平均输赢 IMP	3.8	5.0	4.4	3.6	4.4	4.1
净胜 IMP 总数	300	161	403	459	494	1817
每牌净胜 IMP	0.5	0.91	0.79	0.61	0.73	0.67

范托尼和努内斯首先开叫时能收获 IMP，这毫不令人惊讶，不管他们开叫什么。这是证明本体系威力的有效统计证据。

“等等，”我听见你在喊。“可能这些结果并非仅仅因为叫牌体系，某种程度上甚至全部应该归功于范托内斯出众的打牌技术，和他们的队友在另一桌的表现？”

这是有力的观点：幸运的是，打牌技术的效果可以被量化。在很多牌上，事实上大约有 30%，两桌的定约是相同的（庄家的位置也相同）。

任何输赢都来自打牌的差异，包括做庄和防守。

范托内斯在转播中打了1676副两桌定约相同的牌。结果是：

实战副数	1676	
平均每牌输赢 IMP	1.76	
净胜 IMP 总数	645	
每牌净胜 IMP	0.38	

这一表格可以用于校正前表的分析。它告诉我们在最高级的赛事中，打牌的差异造成的输赢大约是每副牌1.76IMP。以它对照每副牌平均输赢4.1IMP（至少是范托内斯开叫的牌），意味着打牌差异对IMP输赢的影响略小于一半。

根据范托内斯和其队友净胜的IMP，打牌技术大约使他们每副牌赢0.38IMP。当范托内斯开叫时，他们每副牌的优势增加到0.67IMP。所以，他们赢的分中略小于一半来自叫牌优势（叫牌判断和体系的组合），其余部份源于打牌优势。

范托内斯体系的每个开叫都表现出色，但你会看到1♣和1NT开叫每副牌的输赢明显小一些，比其他开叫净胜的IMP也要少一些。也许是因为这两个开叫涵盖了所有的均型牌，而均型牌的输赢比非均型牌少些。

无论如何，通过分析这些数据，可以毫无疑问地认定范托内斯体系是赢取IMP的。

范托内斯约定卡

这是范托内斯的体系摘要，像个约定卡。里面也包括了本书未提及的范托内斯体系的基础部份，比如 1NT 和 2NT 开叫后的发展。

1♣			14 点以上梅花套，或 15 点以上均型。
	1♢		0~11 点，四张以上红心，可以有更长的低花。
		1♡	四张以上红心或 23 点以上均型。后续 2♡=0~5 点；1NT=6 点以上 3433 牌型；新花色=短套。
		1♠	五张以上梅花加四张以上黑桃。后续 2♣/2♡/2♠=0~5 点，自然叫；跳叫是邀叫；2♢是第四花色逼叫。
		1NT	15~18 点，均型。后续 2♣=人为的邀叫或更好（开叫方再叫 2♢表示高限）；2♢=转移叫；2♡=四张以上黑桃，弱牌；2NT=逼叫 3♣。
		2♣	14~17 点，五张以上梅花。
		2♢	18 点以上，六张以上梅花或四张以上方块。后续 2♠=进局逼叫；2NT=弱牌，相对与梅花定约更愿意打方块定约。
		2♡	19~20 点，三张红心。后续 2♠=逼叫 2NT；3♡=4-4 高花；其他花色叫牌是短套试探。
		2♠	六张以上梅花，四张以上黑桃，进局逼叫。
		2NT	19~20 点均型，少于三张红心。后续 3♣=问叫；3♢=再次转移；3♡=四张以上黑桃，弱牌。

	3♣	以梅花为将牌有八墩牌，不逼叫。
1♡		0~11 点，四张以上黑桃，可以有更长的低花。
	1♠	四张以上黑桃或 23 点以上均型。
	1NT	15~18 点均型。后续 2♣=人为的邀叫或更好；2◇=五张以上黑桃，四张以上黑桃；2♡=再次转移。
	2♣	14~17 点，五张以上梅花。
	2◇	18 点以上，六张以上梅花或四张以上方块。
	2♡	18 点以上，五张以上梅花家四张以上黑桃。
	2♠	19~20 点，三张黑桃。
1♠		0~11 点，无高花套。
	1NT	15~18 点均型。后续 2♣/◇=自然叫，不逼叫。2♡/2♠=为打无将问该花色止张；2NT=自然加叫；3♣/◇=自然邀叫；3♡/3♠=短门，5-4 低花。
	2♣	14~17 点，五张以上梅花。
	2◇	18~20 点，四张以上梅花，四张方块，不逼叫。
	2♡	23 点以上均型，或 18 点以上五张以上梅花。后续 2♠=四张以上；2NT=一到两张梅花，六张方块的弱牌；3♣止叫。
	2♠	18~20 点，五张以上梅花加三张以上方块；或者 21 点以上，五张以上梅花，无短门。
	2NT	19~20 点均型。后续 3♣/◇止叫；3♡/3♠=短门，5-4 低花。
1NT		10 点以上均型，进局逼叫。
	2♣	15 点以上均型。后续 2◇=13 点以上，其他叫牌自然。
	2◇	18 点以上非均型。后续 2♡=接力问牌型。
	2♡/♠	14~17 点，五张以上梅花，四张以上所叫高花。
	2NT	14~17 点，五张以上梅花，四张以上方块。
	3♣	14~17 点，六张以上梅花。
2♣		10 点以上，五张以上梅花，非 5332 牌型，进局逼叫。

	2◇	15 点以上均型。
	2♡/♠	五张以上梅花，四张以上所叫高花。
	2NT	15 点以上均型，五张方块。
	3♣	加叫。
2◇		10 点以上，五张以上方块，非 5332 牌型，进局逼叫，后续叫牌自然。
2♡/♠		10 点以上，五张以上所叫高花，非 5332 牌型，进局逼叫，后续叫牌自然。
2NT		10 点以上，某一高花五张以上，5332 牌型。
	3♣	问叫。应叫方再叫 3◇=10~12 点红心套；3♡=10~12 点黑桃套；3♠=13~15 点红心套；3NT=13~15 点黑桃套；4♣=16 点以上红心套；4◇=16 点以上黑桃套。
3♣		10~15 点，5-5 型，梅花套和另一套。
	3◇	问叫。应叫方再叫 3♡/♠自然，3NT 表示方块套。
3◇		10~15 点，5-5 型，红心和黑桃套。
3♡		10~15 点，5-5 型，红心和方块套。
3♠		10~15 点，5-5 型，黑桃和方块套。

1◇			14 点以上，五张以上方块（非 5332）或者 4441 或 1444 牌型。
	1♡		0~9 点，四张以上红心，可以有更长的低花。
		1♠	14~17 点，四张以上黑桃，不逼叫。
		1NT	18 点以上非均型。后续 2♣=6 点以上，进局逼叫；2◇/♡/3♣=0~5 点，自然叫；2♠=6~9 点，4-4 高花；2NT=6~9 点，3433。
		2♣	14~17 点，五张以上方块加四张以上梅花。
		2◇	14~17 点，六张以上方块。
		2♡	14~16 点，四张红心。
		2♠	进局逼叫，六张以上方块，四张以上黑桃。

	2NT	进局逼叫，单套方块或梅花加方块双套，或红心加叫。
	3♣	16~17 点，5–5 低花。
	3◇	以方块为将牌有八墩牌，不逼叫。
	3♡	17~18 点，四张红心。
1♠		0~9 点，四张以上黑桃。后续同 1◇–1♡。
1NT		0~9 点，无高花。
	2♣	葛兹里：14~17 点梅花套，或 18 点以上非均型。后续 2◇/3♣=0~5 点，自然叫；2♡=6~9 点（开叫方 14~17 点再叫 3♣，其他是自然描述和进局逼叫，2♠表示梅花套）。
	2◇	14~17 点，六张以上方块。
	2♡/♠	五张以上方块加四张以上所叫高花，进局逼叫。
	2NT	进局逼叫，单套方块或梅花加方块双套。
	3♣	16~17 点，5–5 低花。
	3◇	以方块为将牌有八墩牌，不逼叫。
2♣		进局逼叫，10 点以上，梅花套或方块套或均型。
	2◇	六张以上方块单套牌，或无张以上方块加四张以上梅花，14~17 点。后续 2♡问叫。开叫方再叫 2♠=六张以上方块，18 点以上；所有其他再叫表示 14~17 点：2NT=六张以上方块，准确的三张梅花；3♣=梅花套，14~17 点；其他是六张以上方块，所叫为短门（3NT=无短门，3◇=梅花短门）。
	2♡/♠	自然叫。后续 2NT 进一步问牌型。
	2NT	18 点以上，六张以上方块，准确的三张梅花。
	3♣	18 点以上，五张以上方块，四张以上梅花。后续 3◇接力进一步问牌型。
	3◇	18 点以上，确立方块为将牌。
2◇		0~5 点，五张以上黑桃加四张以上红心。

2♡/♠		10 点以上，所叫高花五张以上，非 5332 牌型，后续叫牌自然。
2NT		10 点以上，某一高花五张以上，5332 牌型。
	3♣	问叫。应叫方再叫 3◇=10~12 点红心套；3♡=10~12 点黑桃套；3♠=13~15 点红心套；3NT=13~15 点黑桃套；4♣=16 点以上红心套；4◇=16 点以上黑桃套。
	3◇	六张以上方块，对高花没有兴趣。
3♣		10~15 点，5-5 型，红心加黑桃套。
3◇		0~5 点，四张以上方块。
3♡		10~15 点，5-5 型，红心加梅花套。
3♠		10~15 点，5-5 型，黑桃加梅花套。

1♡			五张以上红心，如果有黑桃套则 11 点以上，其他情况 14 点以上。
	1♠		0~9 点，四张以上黑桃。
		1NT	15~17 点 5332 牌型。后续 2♣=逼叫 2◇，准备做自然邀叫或止叫于 2◇。
		2♣	葛兹里：14~17 点梅花套，或 18 点以上非均型。后续 2♡/2♠/3♣/3◇=0~5 点，自然叫；2NT=0~5 点，双低花；2◇=6~9 点(开叫方 14~17 点再叫 2♡，其他是自然描述和进局逼叫)。
		2◇	14~17 点，五张以上红心加四张以上方块。
		2♡	14~17 点，六张以上红心。
		2♠	11~15 点，黑桃支持。
		2NT	进局逼叫，红心单套或红心加低花两套，或黑桃加叫。
		3♣	16~17 点，红心加梅花 5-5。
		3◇	16~17 点，红心加方块 5-5。
		3♡	以红心为将牌有八个赢墩，不逼叫。

	3♠	16~18 点，四张黑桃。
1NT		0~9 点，少于四张黑桃。
	2♣	葛兹里：14~17 点梅花套，或 18 点以上非均型。后续 2♡/3♣/3♢=0~5 点，自然叫；2NT=0~5 点双低花；2♢=6~9 点（开叫方 14~17 点再叫 2♡，其他是自然描述和进局逼叫）。
	2♢	14~17 点，五张以上红心加四张以上方块。
	2♡	14~17 点，六张以上红心。
	2♠	自然叫，进局逼叫。
	2NT	进局逼叫，单套红心或红心加一门低花。
	3♣	16~17 点，红心加梅花 5–5。
	3♢	16~17 点，红心加方块 5–5。
	3♡	以红心为将牌有八个赢墩，不逼叫。
2♣		10 点以上，自然叫或红心加叫，或均型牌。
	2♢	11 点以上，五张以上红心加四张以上黑桃。后续 2♡/2♠/3♣不逼叫；2NT=接力问牌型；3♢=五张以上梅花加四张以上方块；3♡/3♠=确立将牌要求扣叫。
	2♡	14 点以上，单套牌。 2NT=接力问短门。
	2♠	14 点以上，五张以上红心加四张以上方块。后续 2NT=问“片段”。
	2NT	18~20 点，5332 牌型。
	3♣	14 点以上，五张以上红心加四张以上梅花。
	3♢	18 点以上，六张以上红心，实力分散。
	3♡	确立红心为将牌，要求扣叫。
2♢		10 点以上，五张以上方块。
	2♡	14 点以上，单套牌，进局逼叫。
	2♠	11 点以上，五张以上红心加四张以上黑体。后续 3♢不逼叫。

		2NT	18~20 点,5332 牌型。
		3♣	14 点以上,五张以上红心加四张以上梅花。
		3♢	14 点以上,加叫。
	2♡		3~6 点,红心加叫。
	2♠		10 点以上,五张以上黑体。
	2NT		7~9 点三张红心,或 5~9 点四张红心,或 8~11 点四张红心和一个短门。
		3♣	问叫。应叫方再叫:3♢=三张加叫;3♡=低限四张加叫;3NT=高限四张加叫;新花色=8~11 点,所叫为短门。
		3♢	邀叫,14~16 点。
		3♡	止叫,11~13 点。
		3NT	5332 牌型,要求示选 3NT 或 4♡。
	3♣		10~15 点,5–5 型,梅花加方块套。
	3♢		10~15 点,5–5 型,方块加黑体套。
	3♡		0~5 点,四张以上红心
	3♠		10~15 点,5–5 型,黑体加方块套。

1♠			五张以上黑桃,如果有红心套则 11 点以上,其他情况 14 点以上。叫牌序列类似于 1♡开叫,除了下列部份:
	1NT		0~9 点。
		2♣	葛兹里。后续 2♢=6~9 点,2♡=三张以上红心。之后 2♠否定红心;2NT=四张红心;3♡=五张以上红心。
		2♡	11~17 点,五张以上黑桃加四张以上红心。
		3♡	16~17 点,五张以上黑桃加五张以上红心。
	2♣		10 点以上,自然叫或黑桃加叫,或均型牌。
	2♢		10 点以上,五张以上方块。
		2♡	11 点以上,五张以上黑桃加四张以上红心(后续 2♠/3♢不逼叫)。

1NT			12~14 点均型（无局时可以 11 点）:4333、4432、5422（如果非双高套）、5332 和 12~13 点的 4441 牌型。
	2♣		斯台曼。
		2◇	无四张以上高花套。后续 2♡=逼叫 2♠;2♠=问五张低花;2NT=自然邀叫;3 阶花色=自然进局逼叫。
		2♡	四张以上红心。后续 2♠=问五张红心或四张黑桃或五张低花。其他叫品是自然叫。
		2♠	四张以上黑桃,少于四张红心。后续 3♣=问五张黑桃或五张低花。其他叫品是自然叫。
		2NT	4441,单张梅花。
		3♣	4414,单张方块。
	2◇		转移到红心。五张以上红心(弱或强);或五张以上黑桃,进局逼叫;或四张红心加五张低花的邀叫。
		2♡	少于四张红心。后续 3♣/3◇表示四张红心加五张低花;2NT/3♡=邀叫;2♠=逼叫 2NT 然后应叫方进一步描述,包括五张黑桃的牌;4♣/4◇=红心加所叫花色 5-5,满贯试探。
	2♡		转移到黑桃。五张以上黑桃或四张黑桃加一个五张套的邀叫。
		2♠	少于四张黑桃。后续 3♣/3◇/3♡表示四张黑桃加五张所叫花色的邀叫;2NT/3♠邀叫;4♣/4◇=黑桃加所叫花色 5-5,满贯试探。
	2♠		5-5 相邻两套的邀叫,或 5-5 低花的进局逼叫。
		2NT	被迫的。后续 3♣=梅花方块套;3◇=方块红心套;3♡=红心黑桃套;3♠=黑桃梅花套(都是邀叫)。3NT 及更高的叫品=双低花进局逼叫。
	2NT		某一个低花的止叫,或 5-5 间隔两套的邀叫。
		3♣	被迫的。后续 3◇=止叫;3♡=红心梅花套;3♠=黑桃方块套(邀叫)。

3♣		问五张高花，或四张高花加五张高花。
	3◇	否定四张高花加五张低花。后续应叫方叫三张高花寻找 5–3 高花配合。
	3♡	五张梅花加一个四张高花。后续 3♠问高花。
	3♠	五张方块加四张黑桃。
	3NT	五张方块加四张红心。
3◇		4441、4414 或 56××牌型。后续 3♡问叫：3♠=4414，3NT=4441，更高的叫品表示 5–6 高花。
3♡		31(54)。短红心，三张黑桃，5–4 低花。
3♠		13(54)。短黑桃，三张红心，5–4 低花。
4♣		逼叫 4♡。
4◇		逼叫 4♠。
4♡		梅花套的强满贯试探。
4♠		方块套的强满贯试探。

2♣			10~13 点，五张以上梅花，非 5422 和 5332 牌型（第一二家）
	2◇		问叫，通常至少有邀叫牌力。
		2♡	三张以上红心。后续 2♠=五张以上黑桃，进局逼叫；2NT=进一步问牌型，进局逼叫；3♣=邀叫；3◇/♡=自然进局逼叫。
		2♠	三张以上黑桃。应叫方的再叫同上。
		2NT	六张以上梅花，无三张以上高花套，非低限。
		3♣	六张以上梅花，无三张以上高花套，低限。
		3◇	六张梅花加四张方块，高限。
		3♡	0445 牌型。
		3♠	4045 牌型。
	2♡		自然叫，不逼叫，大约 7~11 点。
	2♠		自然叫，不逼叫，大约 7~11 点。

2NT		五张以上黑桃加四张以上红心，邀叫。
3♣		自然叫，非邀叫的加叫。
3◇		自然邀叫。
3♡		自然邀叫。
3♠		自然邀叫。
3NT		止叫。

2◇			10~13 点，五张以上方块，非 5422 和 5332 牌型（第一二家）。
	2♡		问叫，至少邀叫牌力。
		2♠	红心单缺。后续 2NT=进一步问叫，开叫方的再叫与下面的答叫一样，只是短门是红心而不是黑桃。
		2NT	无高花短门。后续 3♣=进一步问叫。开叫方再叫 3◇ =(43)51 或 (33)61 牌型；3♡=2461 牌型；3♠=4261 牌型；3NT=6322 牌型。
		3♣	1354 或 1255 或 0364 牌型。
		3◇	1453 牌型。
		3♡	1462 牌型。
		3♠	1363 牌型。
	2♠		邀叫，至少 5-4 高花。
		2NT	对某一高花定约感兴趣。应叫方 3♣表示红心较长，3◇表示黑桃较长，3♡表示 5-5 型。
		3♣	方块梅花套，对高花无兴趣。
		3◇	六张以上方块，对高花无兴趣。
	2NT		持一到两门高花套，或梅花套（止叫或强牌）。
		3♣	被迫的。后续 3◇问三张高花；3♡/3♠/4♣=自然叫，六张套。
	3♣		邀叫，六张以上梅花。
	3◇		自然叫，非邀叫的加叫。

3♡		自然邀叫。
3♠		自然邀叫。
3NT		止叫。

2♡			10~13 点，五张红心，少于四张黑桃，非 5422 和 5332 牌型(第一二家)。
	2♠		问叫，至少邀叫牌力。
		2NT	单套牌。后续 3♣问短门，3♢确立红心为将牌要求扣叫，3♡=邀叫。
		3♣	四张以上梅花。后续 3♢进一步问牌型。
		3♢	四张方块。后续 3♡进一步问牌型。
		3♡	红心方块 5-5。
	2NT		五张以上黑桃，邀叫以上牌力，开叫方自然再叫。
	3♣		六张以上梅花，邀叫以上牌力。
	3♢		六张以上方块，邀叫以上牌力。
	3♡		自然叫，非邀叫的加叫。
	3♠		配合红心的斯普令特。

2♠			0~13 点，五张黑桃，少于四张红心，非 5422 和 5332 牌型(第一二家)。
	2NT		问叫，至少邀叫牌力。
		3♣	四张以上梅花。后续 3♢进一步问牌型。
		3♢	四张方块。后续 3♡进一步问牌型。
		3♡	黑桃方块 5-5。
		3♠	单套牌，低限。
		3NT	单套牌，高限。
	3♣		五张以上红心，邀叫以上牌力。后续 3♢=至多两张红心，少于六张黑桃；其他叫品自然。
	3♢		六张以上方块，邀叫以上牌力。

3♡		六张以上梅花,邀叫以上牌力。
3♠		自然叫,非邀叫的加叫。

2NT			21~22点均型。
	3♣		布偶(Muppet)斯台曼。
		3◇	至少有一个四张高花(后续叫三阶高花表示持另一高花)。
		3♡	无高花(后续3♠逼叫3NT,3NT=五张黑桃加四张红心)。
		3♠	五张黑桃。
		3NT	五张红心(后续4◇逼叫4♡)
	3◇		转移到红心。
		3♡	接受转移,非极好配合。
		3♠	配合红心的扣叫(后续4◇=再次转移)。
		3NT	配合红心,但点力分散(后续4◇=再次转移)。
	3♡		转移到黑桃。
		3♠	接受转移,非极好配合。
		3NT	配合黑桃,但点力分散(后续4♡=再次转移)。
	3♠		双低花。
	4♣		逼叫4♡。
	4◇		逼叫4♠。
	4♡		梅花套的强满贯试探。
	4♠		方块套的强满贯试探。

范托内斯体系入门指南

你已经读完了这本书——现在你和你的搭档准备尝试打范托内斯体系。我建议你直接跳入深水区。无论何时何地都打全套体系，或者至少是大部份：在前文曾经指出的某些地方，开始时可以采用简化版本。当然你们肯定会发生一些事故，但你会发现因为体系中自然部份造成的，会比你想象的少。

告诉你一手我和本·汤普森打范托内斯体系初期的牌：那是在我们本地俱乐部举行的一场低级赛事。

本开叫 2♠，我持：

♠××　　♡A×　　◇K××　　♣A K××××

我对自己说："我想我得介绍我的梅花套，这样我们可以探索打 5♣、4♠还是 3NT"，所以我叫了 3♣。我完全忘记了对二阶高花开叫加两级应叫是表示另一高花，实际上我的 3♣是表示红心套！

我们通过可怕的进程叫到荒谬的定约了吗？没有。本也忘了 3♣表示红心，所以他按我持梅花套再叫，正是我实际的持牌。我们叫到了完全正常的定约：同时忘记了体系的相同部份是我们的运气。

事故是桥牌生涯的一部份。每个人都会遇到，即使是最棒的牌手……

范托尼		努内斯
♠A Q J 3	N	♠6
♡Q 4 2	W　E	♡K J 6 3
◇A Q 7	S	◇K 3
♣Q J 6		♣A K 10 7 5 2

西	东
1♣	2♣
2◇	2♡
2♠	3♠
4◇	4♠
不叫	

4◇是个丑陋的定约，宕一，另一室叫到并打成6♣。到2♡为止的进程是正确的，从叫黑桃开始不知怎么脱离了轨道。这是2009年意大利杯决赛的第一节。不用说，范托内斯的队追回了比分并最终赢得这场赛事。

如果你能上网，BBO网站的叫牌练习室是绝佳的训练场所。在那里你可以很好地控制发出的牌，所以可以通过设置练习1♣开叫或二阶开叫等等。

你必须集中精力于体系中的三个部份使自己完全熟悉。第一个是：

1♣-1◇/♡/◇-1NT

这一进程会频繁出现。如果你回头去看应叫方的再叫，会发现它们相当复杂。请学好它：体系的这部份即使我再改回打标准制也很乐于使用。

第二是所有包括葛兹里的进程：

1◇-1NT-2♣

1♡-1◇-2♣

1♡/◇-1NT-2♣

这一叫牌序列也会频繁出现，你需要非常熟悉它们。

第三重要的敌方在你们的1♣开叫后加入叫牌是如何处理，不管敌方是在应叫方叫牌之前还是之后插叫。你不一定要打本书介绍的方法（虽然我推荐你用），重要的是你们必须讨论各种插叫后你们各个叫牌的含义。

我们以两个使我坚信范托内斯体系非常出色的牌例结束本章。第一个，是法国一项高级赛事的半决赛上出现的：

北家开叫
双方有局

	♠K J 10 9 4 ♡K Q 5 ◇10 9 ♣8 6 2	
♠A 7 6 3 2 ♡7 3 ◇K 7 3 ♣A 10 3	N W E S	♠Q 8 ♡A 10 8 6 2 ◇A 5 4 ♣7 5 4
	♠5 ♡J 9 4 ◇Q J 8 6 2 ♣K Q J 9	

西	北	东	南
	努内斯		范托尼
	不叫	不叫	2◇
2♠	不叫	3◇	加倍
3♠	全不叫		

3♠宕三，幸亏没被加倍。另一桌南家第三家开叫1◇，西家争叫1♠，东家叫1NT，南北方最后停在2◇上宕一，范托内斯得9IMP。

最后一副出自2004年奥林匹克锦标赛，意大利队夺冠。

南家开叫
双方无局

	♠K 6 ♡A K J 8 6 3 2 ◇J 7 ♣10 6	
♠J 10 7 4 3 ♡10 7 5 ◇6 4 ♣8 5 2	N W E S	♠Q ♡Q 9 ◇A K Q 5 3 ♣Q J 9 7 3
	♠A 9 8 5 2 ♡4 ◇10 9 8 2 ♣A K 4	

西	北	东	南
	范托尼		努内斯
			2♠
不叫	3♣	3NT	加倍
不叫	不叫	4♣	加倍
不叫	不叫	4◇	加倍
5♣	加倍	全不叫	

南北得到1100。另一桌南北方的叫牌以1♠-2♡开始,东家可以在较低水平显示他的双低花,东西方的叫牌不会超过3♣,所以南北方继续叫到4♡定约。

你当然可以争辩说这两手牌范托内斯的对手叫得太差。第一手牌西家对着没有开叫的同伴,不必争叫2♠,但他知道他的同伴有些牌力。第二手牌东西方的叫牌不应超过4♣(东家肯定应该再加倍3NT),但那样也得-800。也许东家应该满足于第一次叫3◇。

但证据表明:二阶开叫一次又一次给了敌方上吊的绳子。而且即便是最好的牌手也经常会这样。

这就是范托内斯体系奏效的原因。

测 验

开叫

你持下列牌会开叫什么？假设你是第一家，双有局；你也可以考虑在其他位置和局况下的开叫。

1 ♠××
♡K Q×××
◇J×
♣K Q××

2 ♠K Q××
♡K Q×××
◇J×
♣××

3 ♠×
♡K Q×××
◇J××
♣K Q××

4 ♠A Q××
♡K Q××
◇A×××
♣×

5 ♠A Q××
♡×
◇A×××
♣K J××

6 ♠A Q××
♡×
◇A×××
♣K×××

7 ♠A J 10×
♡×
◇××
♣A K J 10××

8 ♠×
♡××
◇K Q 10××
♣A 10 9××

9 ♠××
♡Q J 10×××
◇A J×
♣××

10 ♠A Q×
♡A×
◇K Q×
♣A K Q××

11 ♠A K Q××
♡A Q×
◇K Q×
♣A×

12 ♠A Q×××
♡A Q×
◇K Q×
♣A×

13 ♠××
♡A K Q J×××
◇A
♣A K Q

14 ♠Q××××
♡AQ
◇K×××
♣Q×

15 ♠K
♡Q×××
◇KQ××
♣AJ××

开叫答案

1. 不叫。你不能持 5422 牌型开叫 2♡，牌力又不足以开叫 1NT。在第三家，你可以开叫 2♡。
2. 1♡。持双高花，可以持这样的 11 点在一阶开叫。这是 1♡开叫的绝对低限。
3. 2♡。5431 牌型可以二阶开叫。如果同伴以 2♠接力，你叫 3♣表示梅花套；如果同伴再以 3♢接力，你用 3NT 完成牌型描述。
4. 1♢。1♣开叫承诺至少两张梅花。如果同伴应叫高花，你就加叫；同伴应叫 1NT 你就不叫；同伴应叫 2♣，你叫 2♡显示第一个边花套。
5. 1♣。你可以开叫 1♢，但不必要。对 1♢应叫(表示红心套)，你可以再叫 1♠。
6. 1NT。这手牌开叫 1♣不大够，那需要 14 点。开叫 1NT 让人有点不舒服，但不是世界末日。
7. 1♣。只有 13 点，但是非常好的 13 点！这手牌的主打实力对于 2♣开叫太强了。范托内斯体系很乐于酌情上调或下调牌力。
8. 2♢。另一手上调牌力的牌。这手漂亮的牌值得在二阶开叫。在 2♡接力后，你叫 3♣，表示梅花套和短黑桃。
9. 不叫。这手牌是很不错的弱二开叫牌，但我们不使用弱二开叫！在第三家，你可以高兴地开叫 2♡。在有利局况下，你可以考虑在第一家开叫 3♡：这是风格问题。
10. 1♣。持 23 点以上的均型牌(强于 2NT 开叫)开叫 1♣。

11. 1♣。即使均型牌中有五张高花套。

12. 2NT。21~22 点。傀儡或布偶斯台曼可以找到五张黑桃套。

13. 1♡。当然是逼叫的！在 0~9 点的应叫后(1♠或 1NT)，你再叫 2NT。同伴叫 3♣，你叫 3♡，表示单套进局逼叫牌。现在同伴叫 3♠是扣叫，你可以叫满贯了。如果他没能叫 3♠，你就停在成局定约上。

14. 1NT。范托内斯体系认为这种牌型是均型牌。

15. 1◇是体系规定的开叫。如果同伴应叫 1♠，你再叫不逼叫的 2♣。如果同伴持五张黑桃和四张红心，0~5 点时他会应叫 2◇；持 6~9 点，他现在可以叫 2♡，自然的邀叫。因为单张黑桃是大牌，开叫 1♣并计划在表示黑桃套的 1♡应叫后再叫 1NT，也是可以接受的选择。

对 1♣的应叫

同伴开叫 1♣，你怎么应叫？在同伴常见的再叫后，你下次叫什么？

16. ♠Jxxx
♡x
◇Qxxxxx
♣xx

17. ♠Qxxx
♡Axxx
◇xx
♣Qxx

18. ♠A Kx
♡A Qxx
◇Jx
♣xxxx

19. ♠Kxxxxx
♡Jxx
◇Qxx
♣x

20. ♠Q Jxxx
♡Kxxxx
◇x
♣Ax

21. ♠xx
♡xx
◇Qxx
♣A Jxxxx

22. ♠Axx
♡K Q Jxxx
◇Axx
♣x

23. ♠xx
♡Axx
◇K Jxx
♣J 10xx

24. ♠xxx
♡Ax
◇K Qxxx
♣Qxx

25. ♠A K Q Jx
♡xx
◇Axx
♣J 10x

26. ♠Qxx
♡x
◇A J 10xx
♣Q Jxx

27. ♠Q
♡A K Qx
◇Jxxx
♣xxxx

对1♣的应叫的答案

16. 1♡。以显示高花套开始(黑桃套)。如果同伴叫:

——1♠,再叫2♠显示0~5点(穷牌)。

——1NT(15~18点),叫2NT(逼叫3♣),然后以3◇止叫。

17. 1◇。叫"最便宜的"四张高花。如果同伴叫:

——1♡,再叫2◇表示短套和6点以上。

——1♠,他持梅花黑桃套。你的配合足以加叫3♠邀叫。

——1NT,叫2♣启动邀叫序列。

——2♡(19~20点,三张红心),叫3♡转移黑桃,表示4–4高花。

——2NT(19~20点,两张红心),叫3♣,相当于斯台曼。

18. 1NT。10点以上均型牌。如果同伴叫:

——2♣,均型牌,你再叫2◇表示13点以上。

——其他,你做自然叫,或迟或早确立梅花为将牌。

19. 1♡。表示黑桃套。然后:

——1♠,再叫2♣表示短套:有6–4配合的情况下,你的牌非常好。

——1NT,再叫2♡转移到黑桃,然后不叫。

——2♣(自然叫,14~17点),再叫2♠谋求改善定约。

20. 3◇。显示双高花5–5。如果同伴叫一个高花,你再叫3NT表示低限。

21. 1♠。0~11点无高花套。如果同伴叫最可能的1NT,你再叫3♣邀叫正合适。

22. 2♡。10点以上自然叫。你计划多次再叫。如果同伴叫2NT表示均型,你再叫3♣显示13点以上。

23. 1♠。如果同伴再叫1NT,你叫2♠表示弱门和至少邀请实力。以双张小牌“叫”并“再叫”黑桃看起来有点怪,但体系就是这样!

24. 1NT。10点以上均型。1NT包括五张低花的5332牌型。如果同伴叫2♣,表示也是均型牌,你就再叫3♢显示10~12点五张方块。

25. 体系应叫是2NT,表示五张高花的5332牌型。但你把黑桃处理成六张以上套应叫2♠也是可以的。

26. 1♠。你可以应叫2♢,但应叫1♠的后续叫牌非常清楚。如果同伴再叫1NT或2NT,你用3♡描述31(54)牌型。

27. 1♢。体系应叫是1NT,但持价值可疑的♠Q,这手牌应该减值到11点。

请注意你对1♣的应叫经常有选项,你可以选择与你的牌最匹配并且后续叫牌更顺利的叫品。我们的经验是,当你应叫1♢、1♡或1♠时,同伴最频繁的再叫是1NT(15~18点),所以总是据此制订再叫计划。

对1♢、1♡或1♠的应叫

同伴开叫1♢、1♡或1♠,你怎么应叫?在同伴常见的再叫后,你下次叫什么?

28. ♠ Q10×××
♡ AK×××
♢ A×
♣ ×

西	东
1♢	?

29. ♠×××
♡××××
◇×××
♣×××

西	东
1♡	?

30. ♠Q××
♡A×××
◇J××
♣J××

西	东
1♠	?

31. ♠K××××
♡Q××××
◇×
♣××

西	东
1◇	?

32. ♠AK××
♡×××
◇KQ××
♣××

西	东
1♡	?

33. ♠A
♡Q××
♢KQ×××
♣××××

西	东
1♠	?

34. ♠××
♡×××
♢J×××
♣Q×××

西	东
1♢	?

35. ♠A××
♡KQJ××
♢××
♣AQ×

西	东
1♡	?

36. ♠K×××
♡×
♢K××××
♣K××

西	东
1♠	?

37. ♠A××
♡Q×
♢Q×××
♣××××

西	东
1♢	?

38. ♠×
♡QJ×××
♢K×××
♣×××

西	东
1♡	?

39. ♠×××
♡Q×××
♢×××
♣×××

西	东
1♠	?

对1♢、1♡或1♠的应叫答案

28. 3♣。表示10~15点双高花。如果同伴叫一门高花确立将牌，你以越过"低限3NT"的扣叫配合，因为你的牌是高限。
29. 1NT。唯一可能的其他选择是弱跳加叫3♡，但这手牌太弱了。你希望同伴减速，而不是加速。
30. 2NT，中等实力的加叫。后续：
——3♣，你叫3♢表示三张加叫。
——3♢，你叫3♠拒绝邀请：你的牌是最低限。

——3♡，自然加叫到 4♡。

——3NT，你不叫，很乐于接受同伴的建议。

31. 2◇，表示 0~5 点，五张以上黑桃加四张以上红心。如果同伴在二阶叫一门高花，你不叫；如果他叫三阶高花邀请，你继续叫到局。当然你肯定会注意到，2◇应叫使你的牌摊下来成为明手。

32. 2♣。10 点以上，看看同伴是什么牌。除非同伴显示黑桃套（通过再叫 2◇），你将确立红心为将牌开始扣叫。假如同伴再叫 2♡表示单套牌，你叫 3♡（这手牌问同伴的短门意义不大），他叫 3NT：无黑桃控制，低限牌力。现在你很自信地以 4♡止叫，这是一个应用“低限 3NT”的好例子。

33. 2♣。不要叫 2◇，那样如果同伴叫 2♡你将无所适从。如果同伴在 2♣后叫 2◇（表示双高花），你可以建议打 2♡。同伴的其他任何再叫你都很容易处理。比如假如他叫 2♠表示单套牌，你可以用 2NT 问短门。如果他显示梅花单缺，你很清楚要避开 3NT。

34. 3◇。0~5 点，四张以上方块。你希望自己不要被迫再叫，但如果非叫不可，你至少已经做出鼓励性最小的叫品。

35. 2♣。你的下一个叫品可能是 3♡，然后从这里扣叫通往满贯。

36. 2NT。显然你将接受 3◇邀叫。如果同伴叫 3♣让你继续描述，你就叫 3♡表示短门。

37. 1NT。0~9 点，无高花套。如果同伴叫 2♣（葛兹里），你叫 3◇表示四张方块支持和 6~9 点。类似地，如果同伴再叫 2◇，你可以用 3◇邀请。

38. 4♡。简单的桥牌。

39. 2♠。3~6 点有支持。这手牌看起来很差，但正好在这个叫品的牌力范围内。

葛兹里

测试一下你对葛兹里的了解，计划下一个叫品和常见的发展：

40. ♠×××
♡×××
◇×××
♣A×××

西	东
1◇	1NT
2♣	?

41. ♠×
♡A××
◇AKQ××
♣AJ××

西	东
1◇	1NT
2♣	2♡
?	

42. ♠Q××××
♡×
◇A××
♣J×××

西	东
1♡	1♠
2♣	2◇
2♠	?

43. ♠××
♡AQ××
◇×××
♣K×××

西	东
1♠	1NT
2♣	2◇
2♡	?

44. ♠×
♡AJ×××
◇K×
♣KQJ××

西	东
1♡	1NT
2♣	2◇
?	

45. ♠×
♡××××
◇Q×××
♣××××

西	东
1♡	1NT
2♣	?

46. ♠ AKQ××
♡ Q××
◇ ××
♣ AKQ

西	东
1♠	1NT
2♣	2♡
?	

47. ♠ KQ×
♡ AJ10××
◇ K×
♣ A××

西	东
1♡	1NT
2♣	2◇
?	

48. ♠ K×
♡ Q×××
◇ AKJ××
♣ AJ

西	东
1◇	1♠
1NT	2♡
?	

49. ♠KJ10××
♡×
◇××××
♣A××

西	东
1♡	1♠
2♣	2◇
2♡	?

50. ♠AK×
♡AK×××
◇AQ××
♣×

西	东
1♡	1♠
2♣	2◇
2♠	3◇
?	

51. ♠A×××
♡×
◇J×××
♣A×××

西	东
1◇	1♠
1NT	2♣
2◇	?

葛兹里答案

40. 2◇。表示 0~5 点，方块示选。叫牌进程可能到此结束，但如果同伴继续叫牌，你将给予配合。
41. 2♠。同伴显示了 6~9 点，所以你将叫到局。2◇表示 18 点以上梅花套，因为再叫 3♣是 14~17 点牌。
42. 4♠。同伴有 18 点以上和部份黑桃支持。由于对满贯毫无兴趣，你直接选择最终定约。
43. 2NT。2♡表示至少三张红心，所以你们还没有明确的八张红心配合。2NT 表示四张红心。如果同伴叫 3♡表示至少四张红心，你可以叫 4♡。如果他叫 3♣显示 5314 牌型，你知道不能打 3NT(你可能会叫 4♣)。如果他叫 3◇，♣K 对着他的短门，你知道该叫 3NT。最后，如果他叫 3NT 表示 5332 牌型和 18~20 点，你就打这个定约。
44. 2♡。明确持 14~17 点和梅花套。不要落入再叫 3♣的陷阱，那表示正确的牌型，但是 18 点以上。
45. 2NT。0~5 点双低花。这叫品不怎么舒服，但你仍然可能降落在三阶低花上。
46. 3♡。同伴显示 0~5 点和五张以上红心，你有足够的牌力加叫邀请。
47. 2NT。16~17 点均型。如果同伴叫三阶低花，他是在尝试改善定约，你不叫。
48. 4♡。同伴显示 6~9 点，5 张以上黑桃和四张以上红心。持更弱的牌和同样的牌型，他第一次会应叫 2◇。以红心成局是明显的定约。
49. 2♠。同伴显示 14~17 点红心梅花套。你显然更愿意打 3♣而不是 2♡，但没有理由不先建议打黑桃。如果同伴持高限 3514 牌型，你们将叫到 4♠。

50. 4NT？看来同伴只有四张黑桃，方块更长。你的牌威力无穷，可以问 A 后叫 6◇。高度科学的叫品可能是简单 4◇做更深入的探查。

51. 3♡。另一手超级强牌。同伴显示 18 点以上和六张以上方块。看来做斯普令特是合适的。

二阶开叫

这里是一些从二阶开始的叫牌进程。计划你的叫牌和常见的发展：

52. ♠J××
♡×
◇KQ××
♣AQ×××

西	东
2♣	2◇
?	

53. ♠AQ××
♡×
◇A××
♣AKQ10×

西	东
2♡	2♠
3◇	3♡
3NT	?

54. ♠Q××
♡×
♢KQ×××
♣K×××

西	东
2♢	2♠
?	

55. ♠KJ××
♡Q××××
♢Q××
♣×

西	东
2♣	?

56. ♠KJ××
♡×
♢AK×××
♣Q××

西	东
2♢	2♡
2♠	3♢
?	

57. ♠K×××××
♡J××
♢AK×
♣×

西	东
2♠	3♣
?	

58. ♠J××
♡Q××
◇×
♣KQ××××

西	东
2◇	?

59. ♠J××
♡K
◇KJ×××
♣AK××

西	东
2♡	2♠
2NT	?

60. ♠Q×
♡KQ×××
◇××
♣AQ10×

西	北	东	南
2♠	加倍	?	

61. ♠×
♡A×××××
◇KJ×
♣Q××

西	北	东	南
2♡	2♠	不叫	不叫
?			

62. ♠K××× ♡A×× ◇AK××× ♣×

西	东
2♣	2◇
2♠	2NT
3♣	?

63. ♠××× ♡AKJ××× ◇× ♣×××

西	东
不叫	2◇
?	

二阶开叫答案

52. 2♠。表示三张 黑桃。如果同伴以2NT再次接力,你再叫3◇,完成你3145牌型的描述。如果同伴只是3♣邀叫,你足以接受,同样再叫3◇,确认红心短门。

53. 4♣。同伴显示了1543牌型,所以你们的配合是梅花。这手牌出自2008年世界智力运动会意大利在四分之一决赛上迎战波兰队的比赛。同伴的牌是:

♠7　♡A K J 8 6　◇K J 9 4　♣J 7 3

范托尼和努内斯叫到完美的7♣打成,另一桌的结果是6◇宕掉。

54. 不叫。同伴的2♠表示双高花邀叫,所以你最好停在2♠上。

55. 2♢。你可以不叫，但这里改善定约的前景很好。如果同伴叫出一门高花，你很愉快地不叫。如果同伴叫2NT，你不怎么愉快地不叫，虽然2NT可以优于2♣。如果同伴叫3♣，你不愉快地不叫：你赌输了。这个假接力也是避免惩罚的最佳机会。

56. 3♠。同伴有邀叫实力，你肯定是高限，通过自然的3♠接受邀请。

57. 4♣。3♣表示红心套，记住了吗？持完美的红心支持，你做非跳叫的斯普令特。

58. 2NT，逼叫3♣。之后你将不叫，希望改善了定约。

59. 3♣。问短门。同伴有六张以上红心，没有低花套。如果他显示短黑桃，你会选择4♡。其他情况3NT应该是最佳定约。

60. 再加倍。现在你没有接力可用，但敌方可能陷入大麻烦了。你将加倍红心或梅花逃叫，并希望同伴可以惩罚方块。如果左手敌方叫3♢，一路不叫到你，看来敌方已经逃过一劫。那样你会叫3♠，鼓励性的但不逼叫。

61. 加倍。二阶开叫者可以自由回到叫牌中来，这手牌也适合技术性加倍。同伴可能是惩罚性不叫。

62. 3♢。同伴有六张梅花和三到四张黑桃。最后一次接力将澄清他是否有四张黑桃，然后你就知道该打4♠还是3NT了。

63. 2♡。你最初只好不叫，但现在你可以用自然且不逼叫的2♡尝试改善定约。

鸣　谢

我要感谢知情或不知情地为创作本书做出贡献的人：

荣·克林格(Ron Klinger)和玛格丽特·雅各布斯(Margaret Jacobs)仔细审校了原告,消除了很多(如果不是全部的话)我的错误。

丹尼尔·内尔(Daniel Neill)是第一个尝试通过详细归纳桥牌实况转播整理范托内斯体系的人：这是我探索范托内斯体系的出发点——通过访问他卓越的网站 http://bridgewithdan.com。

我的终生伴侣戴安娜·雅各布斯(Diana Jacobs)在我写作本书期间的鼓励与忍耐。

我的桥牌搭档本·汤普森，他的许多微调使范托内斯成为我们可打的体系,我希望对你也是如此。

最后但绝非不重要的是，福尔维奥·范托尼和克劳迪奥·努内斯绝妙的作品现在也许不再是最隐秘的桥牌秘密了。

附录——范托内斯体系实战牌例

1♣开叫

1. 2008年荷兰白宫国际邀请赛半决赛

北家开叫
南北有局

北：
♠A 5
♡A J 4 3
♢A 10 7
♣K 10 6 4

西：
♠8 6 3
♡Q 10 9 8 5 2
♢K 9
♣7 5

东：
♠10 9 4
♡K 6
♢8 6 5 3 2
♣A Q 9

南：
♠K Q J 7 2
♡7
♢Q J 4
♣J 8 3 2

西	北	东	南
	范托尼		努内斯
	1♣		1♡[1]
不叫	1NT[2]	不叫	2♡[3]
加倍	不叫[4]	不叫	再加倍[5]
不叫	2♠	不叫	3NT[6]
全不叫			

1. 0~11点，四张以上黑桃。
2. 15~18点均型。
3. 再次转移。
4. 否定三张黑桃。
5. 强制转移。
6. 要求示选成局定约。

2. 第六届欧洲锦标赛决赛

北家开叫 **双方无局**	♠A 4 ♡K 9 4 ◇K 10 3 ♣A J 6 3 2	
♠K 6 3 ♡10 6 5 2 ◇9 8 5 2 ♣5 4	N W E S	♠J 10 2 ♡J 8 7 ◇A Q J 6 ♣Q 8 7
	♠Q 9 8 7 5 ♡A Q 3 ◇7 4 ♣K 10 9	

西	北	东	南
	范托尼		努内斯
	1♣		2NT[1]
不叫	3♣[2]	不叫	3♡[3]
不叫	3NT	全不叫	

1. 10 点以上，五张高花的 5332 牌型。
2. 问叫。
3. 10~12 点，黑桃套。

3. 第六届欧洲锦标赛决赛

北家开叫 双方有局	♠A J 6 4 ♡Q 8 7 ◇A K Q 10 ♣10 8	
♠K 8 3 ♡10 5 ◇J 9 8 7 3 ♣Q J 5	N W E S	♠Q 9 5 2 ♡A K 6 3 ◇2 ♣7 6 4 3
	♠10 7 ♡J 9 4 2 ◇6 5 4 ♣A K 9 2	

西	北	东	南
	范托尼		努内斯
	1♣		1◇[1]
不叫	1NT[2]	不叫	2♣[3]
不叫	2♠[4]	不叫	2NT
不叫	3NT	全不叫	

1. 0~11 点，四张以上红心。
2. 15~18 点均型。
3. 人为叫品，邀请以上牌力。
4. 15~16 点，四张黑桃。

4. 2008 年世界智力运动会半决赛

北家开叫
南北有局

♠K 7 6
♡7 6
◇3
♣A K Q 8 7 6 3

♠2
♡Q J 3 2
◇A K 9 4 2
♣10 5 2

N W E S

♠Q J 9 4
♡10 9 5 4
◇Q 8 7
♣J 9

♠A 10 8 5 3
♡A K 8
◇J 10 6 5
♣4

西	北	东	南
	范托尼		努内斯
	1♣		2♠[1]
不叫	3♠	不叫	3NT[2]
不叫	4♠	全不叫	

1. 10 点以上，五张以上黑桃，非 5332 牌型。
2. "低限 3NT"。

5. 2005 年百慕大杯四分之一决赛

东家开叫 双方有局	♠A 10 8 5 3 ♡7 6 3 ◇K 2 ♣J 3 2	
♠J 9 7 ♡Q 10 9 2 ◇Q 10 9 3 ♣8 5	N W E S	♠K Q 6 4 ♡J 8 ◇J 8 4 ♣10 9 7 6
	♠2 ♡A K 5 4 ◇A 7 6 5 ♣A K Q 4	

西	北	东	南
	范托尼		努内斯
		不叫	1♣
不叫	1♡[1]	不叫	2NT[2]
不叫	3♡[3]	不叫	3♠
不叫	3NT[4]	全不叫	

1. 0~11 点，四张以上黑桃。
2. 19~20 点，少于三张黑桃。
3. 强制转移。
4. 要求示选成局定约。

6. 2005 年百慕大杯半决赛

东家开叫
东西有局

北：
♠Q 8
♡10 5 3
♢8 6 4 3 2
♣8 3 2

西：
♠K 5 3 2
♡A 2
♢A 9 7
♣10 7 6 4

东：
♠J 10 9 7 4
♡Q 8 7 6
♢J
♣A J 9

南：
♠A 6
♡K J 9 4
♢K Q 10 5
♣K Q 5

西	北	东	南
	范托尼		努内斯
		不叫	1♣
不叫	1♠[1]	不叫	1NT[2]
不叫	2♢[3]	全不叫	

1. 0~11 点，无高花套。
2. 15~18 点，均型。
3. 自然叫，不逼叫。

7. 2007 年百慕大杯循环赛

北家开叫 南北有局	♠A Q J 9 ♡A 9 3 ◇K J 9 ♣A 10 2	
♠K 4 2 ♡J 4 ◇10 8 7 5 4 ♣K Q 9	N W E S	♠8 7 ♡K 10 8 7 5 ◇Q 6 ♣J 6 5 4
	♠10 6 5 3 ♡Q 6 2 ◇A 3 2 ♣8 7 3	

西	北	东	南
	努内斯		范托尼
	1♣	不叫	1♡[1]
不叫	1♠[2]	不叫	2♠[3]
不叫	3♠[4]	不叫	3NT[5]
不叫	不叫[6]	不叫	

1. 0~11 点,四张以上黑桃。
2. 四张黑桃支持或 23 点以上均型。
3. 0~5 点(范托尼调低了 4333 牌型的牌值)。
4. 四张黑桃,邀叫。
5. 建议定约。
6. 接受。

8. 2007 年意大利俱乐部杯决赛

北家开叫
东西有局

	北	
	♠J 3 ♡A J 9 ◇A Q 10 9 2 ♣K 4 2	
西 ♠9 7 ♡6 5 3 ◇— ♣A Q J 10 9 7 6 5	N W E S	东 ♠Q 10 8 4 2 ♡10 4 ◇8 7 5 3 ♣8 3
	南 ♠A K 3 2 ♡K Q 8 7 2 ◇K J 6 4 ♣—	

西	北	东	南
	范托尼		努内斯
	1♣	不叫	2♡[1]
不叫	2NT[2]	不叫	3♣[3]
4♣	不叫	不叫	加倍[4]
不叫	4◇[5]	不叫	4♡[6]
不叫	4NT[7]	不叫	5♣[8]
不叫	5◇	不叫	5♠[8]
不叫	7◇	全不叫	

1. 10 点以上，五张以上红心，非 5332 牌型。
2. 均型牌。
3. 13 点以上。
4. 技术性，要求进一步描述。
5. 自然出套。
6. 扣叫。
7. 特博，偶数个关键张。
8. 扣叫。

9. 2009 年百慕大杯循环赛

北家开叫
双方有局

	♠A K 10 6 ♡7 ◇A K Q 4 ♣Q J 7 2	
♠J 9 8 ♡A 10 9 4 3 ◇7 5 2 ♣K 3	N W E S	♠7 4 3 2 ♡K 8 5 2 ◇— ♣10 9 8 5 4
	♠Q 5 ♡Q J 6 ◇J 10 9 8 6 3 ♣A 6	

西	北	东	南
	努内斯		范托尼
	1♣	不叫	1♠[1]
不叫	2◇[2]	不叫	2♠[3]
不叫	3♠[4]	不叫	4◇[5]
不叫	4♡[6]	不叫	5♣[7]
不叫	6◇	全不叫	

1. 0~11 点,无高花套。
2. 18~20 点,低花 4–4 以上。
3. 黑桃弱门(暗示红心有挡)。
4. 自然叫。
5. 确定将牌。
6. 扣叫。
7. 特博,扣叫,同时表示奇数关键张。

10. 2009 年百慕大杯循环赛

西家开叫
东西有局

北：
♠A 9
♡A 6 5
◇Q 7 6
♣K Q 4 3 2

西：
♠J 7 5
♡K Q 10 9 3
◇A 9 2
♣J 7

东：
♠8 4
♡J 9 8 2
◇K 10 8 5 4 3
♣5

南：
♠K Q 10 6 3 2
♡4
◇J
♣A 10 9 8 4

西	北	东	南
	范托尼		努内斯
不叫	1♣	不叫	3♣[1]
不叫	3◇[2]	不叫	3♠[3]
不叫	4♣[4]	不叫	4◇[5]
不叫	4♡[5]	不叫	4♠[5]
不叫	5♡[6]	不叫	6♣
全不叫			

1. 10~15 点，梅花加另一套 5–5 以上。
2. 问叫。
3. 黑桃套。
4. 确定将牌。
5. 扣叫。
6. 扣叫，同时表示奇数关键张。

1◇开叫

1. 第六届欧洲锦标赛半决赛

西家开叫 东西有局	♠A K 7 ♡A ◇A K Q J 2 ♣Q J 7 4	
♠J 9 6 ♡10 9 7 4 3 ◇9 8 6 ♣10 3	N W E S	♠Q 10 4 ♡Q J 6 5 ◇10 7 5 4 ♣6 2
	♠8 5 4 2 ♡Q 8 2 ◇4 ♣A K 9 8 5	

西	北	东	南
	范托尼		努内斯
不叫	1◇	不叫	1♠[1]
不叫	1NT[2]	不叫	2♣[3]
不叫	3♣[4]	不叫	4♣[5]
不叫	4◇[6]	不叫	4NT[7]
不叫	7♣	全不叫	

1. 0~9点，四张以上黑桃。
2. 18点以上，非均型。
3. 6~9点，非五张红心加四张黑桃或3443牌型。
4. 3♣：自然叫，逼叫。
5. 确定将牌。
6. 扣叫。
7. 特博，偶数关键张。

2. 2007 年百慕大杯循环赛

东家开叫
双方有局

北：
♠A Q 8 7 2
♡A K Q 7 3
◇8 7
♣6

西：
♠9 4 3
♡9 4 2
◇A 10 3
♣Q 9 5 4

东：
♠J 10 5
♡J 10 5
◇J 5 2
♣10 8 7 2

南：
♠K 6
♡8 6
◇K Q 9 6 4
♣A K J 3

西	北	东	南
	范托尼		努内斯
		不叫	1◇
不叫	3♣[1]	不叫	3NT
不叫	4NT[2]	全不叫	

1. 10~15 点，双高花。

2. 邀叫。

3. 2007年百慕大杯循环赛

北家开叫
南北有局

	♠A K 9 5 2 ♡9 7 5 ◇6 5 ♣K 10 9	
♠10 8 7 ♡Q J 8 4 ◇Q 10 9 ♣A 7 6	N W E S	♠J 6 4 2 ♡K 6 3 ◇J 8 4 ♣J 8 2
	♠Q ♡A 10 2 ◇A K 7 3 2 ♣Q 5 4 3	

西	北	东	南
	范托尼		努内斯
	不叫	不叫	1◇
不叫	2NT[1]	不叫	3♣[2]
不叫	3♡[3]	不叫	3NT
全不叫			

1. 10点以上，持五张高花的5332牌型。
2. 问叫。
3. 黑桃套。

4. 2009 年欧洲公开队式赛

南家开叫 东西有局	♠J 7 ♡J 10 9 5 4 3 2 ◇A Q ♣K J	
♠10 8 4 ♡A 8 ◇6 2 ♣A Q 9 8 7 6	N W E S	♠6 5 3 2 ♡7 ◇10 7 5 4 ♣10 5 3 2
	♠A K Q 9 ♡K Q 6 ◇K J 9 8 3 ♣4	

西	北	东	南
	范托尼		努内斯
			1◇
不叫	2♡[1]	不叫	2NT[2]
不叫	3♣[3]	不叫	3◇[4]
不叫	3♡[5]	不叫	3♠[6]
不叫	4♣[6]	不叫	4◇[6]
不叫	4♡	不叫	4♠[6]
不叫	5◇[7]	不叫	5♡
全不叫			

1. 10 点以上，五张以上红心，非 5332 牌型。
2. 接力。
3. 13 点以上。
4. 接力。
5. 红心有额外长度。
6. 扣叫。
7. 特博，扣叫，同时表示奇数关键张。

5. 第六届欧洲锦标赛循环赛

西家开叫
双方无局

北
♠K 7 5
♡Q 9 4 3
◇K J 6
♣Q 7 4

西
♠10 3
♡A J 10 8
◇4 3
♣K 9 8 5 2

东
♠J 9 8 5 4
♡7 6 5 2
◇8
♣10 6 3

南
♠A Q 2
♡K
◇A Q 10 9 7 5 2
♣A J

西	北	东	南
	范托尼		努内斯
不叫	不叫	不叫	1◇
不叫	2♣[1]	不叫	3◇[2]
不叫	3♠[3]	不叫	4♣[4]
不叫	4◇	不叫	4♡[4]
不叫	5◇[5]	不叫	6◇
全不叫			

1. 10点以上，梅花套或方块套，或均型牌。
2. 18点以上，确立方块为将牌。
3. 扣叫，否定红心控制。
4. 扣叫。
5. 特博，奇数关键张。

6. 2008 年法国公开队式赛

南家开叫
双方有局

北：
♠J 9 6 5
♡K J 10 2
♢A 7 5
♣J 4

西：
♠4 3 2
♡9 8 3
♢9 6
♣A Q 9 8 6

东：
♠K 7
♡A Q 6 5 4
♢10 8 4
♣10 5 3

南：
♠A Q 10 8
♡7
♢K Q J 3 2
♣K 7 2

西	北	东	南
	范托尼		努内斯
			1♢
不叫	1♡[1]	不叫	1♠[2]
不叫	4♠	全不叫	

1. 0~9 点，四张以上红心，可以有更长的低花。
2. 14~17 点，不逼叫。

7. 2007 年意大利俱乐部杯赛半决赛

东家开叫 双方有局	♠A Q J 6 ♡9 8 ◇A Q 8 5 2 ♣5 3	
♠10 8 3 2 ♡K J 5 2 ◇6 3 ♣A K 4	N W E S	♠K 4 ♡7 3 ◇K 10 9 4 ♣Q J 9 8 7
	♠9 7 5 ♡A Q 10 6 4 ◇J 7 ♣10 6 2	

西	北	东	南
	范托尼		努内斯
		不叫	不叫
不叫	1◇	不叫	1♡[1]
不叫	1♠[2]	不叫	2◇[3]
全不叫			

1. 0~9 点，四张以上红心。
2. 14~17 点，不逼叫。
3. 止叫。北家仅在持黑花色单张的 4441 牌型才只有四张方块（那样他会加叫红心），现在一定是五张方块，所以南家选择 2◇。

8. 2008 年世界智力运动会循环赛

北家开叫 双方有局	♠Q 2 ♡Q J ◇A K J 10 9 ♣A 9 4 3	
♠10 8 7 6 4 ♡K 8 5 4 2 ◇5 ♣J 2	N W E S	♠A J 9 5 3 ♡9 6 ◇Q 8 6 3 ♣7 5
	♠K ♡A 10 7 3 ◇7 4 2 ♣K Q 10 8 6	

西	北	东	南
	范托尼		努内斯
	1◇	不叫	2♣[1]
不叫	3♣	不叫	3♡[2]
不叫	3♠[3]	不叫	4♣
不叫	4◇[4]	不叫	4♡[4]
不叫	5♣	全不叫	

1. 10 点以上，梅花套、方块加叫或均型牌。
2. 自然叫。
3. 询问黑桃止张。
4. 扣叫。

9. 2012 年世界智力运动会半决赛

北家开叫　　♠A Q 7 4
双方有局　　♡A
　　　　　　◇A Q 10 7 4
　　　　　　♣8 5 2

♠K 10 8 6 5 3　　　　　　♠J 9
♡K 9 6　　　　　　　　　♡J 10 7 2
◇J 9 6　　　　　　　　　◇8 5 2
♣3　　　　　　　　　　　♣Q J 9 7

N W E S

　　　　　　♠2
　　　　　　♡Q 8 5 4 3
　　　　　　◇K 3
　　　　　　♣A K 10 6 4

西	北	东	南
	范托尼		努内斯
	1◇	不叫	3♠[1]
加倍	3NT	全不叫	

1. 10~15 点，红心梅花 5–5 套。

10. 2012年世界智力运动会三四名决赛

北家开叫
双方有局

北：
♠10
♡8 5 4
◇A K Q 10 4 3
♣A 10 5

西：
♠8 6 5
♡A 7 2
◇9 8 2
♣7 6 3 2

东：
♠J 3
♡J 10 9 6 3
◇J 7 6
♣K J 4

南：
♠A K Q 9 7 4 2
♡K Q
◇5
♣Q 9 8

西	北	东	南
	范托尼		努内斯
	1◇	不叫	2♠[1]
不叫	3◇	不叫	3♠
不叫	4♠	不叫	4NT[2]
不叫	5♣[3]	加倍	不叫
不叫	再加倍[4]	不叫	5◇[3]
不叫	5♠	不叫	6♠
全不叫			

1. 10点以上，五张以上黑桃，非5332牌型。
2. 特博，显示满贯兴趣和偶数关键张。
3. 扣叫。
4. 第一轮控制。

1♡/♠开叫

1. 第六届欧洲锦标赛决赛

北家开叫　♠J 10 6
南北有局　♡K 9
　　　　　◇J 7
　　　　　♣Q 10 7 5 3 2

西：♠9 8 3　♡8 7 6 4 3　◇6 5　♣A 6 4

东：♠7 2　♡Q 10 5 2　◇A 8 4 2　♣K J 8

南：♠A K Q 5 4　♡A J　◇K Q 10 9 3　♣9

西	北	东	南
	范托尼		努内斯
	不叫	不叫	1♠
不叫	2NT[1]	不叫	3♣[2]
不叫	3◇[3]	不叫	3♡[4]
不叫	3NT[5]	不叫	4♣[4]
不叫	4♡[4]	不叫	4♠
全不叫			

1. 7~9 点三张支持，或 5~9 点四张支持，或 8~11 点四张支持加一个短门。
2. 问叫。
3. 7~9 点三张支持。
4. 扣叫。
5. 低限 3NT。

2. 2005 年百慕大杯循环赛

西家开叫 双方有局	♠6 3 2 ♡7 6 5 ◇K J 8 2 ♣7 6 5	
♠7 5 ♡Q 9 8 ◇A 9 6 4 ♣Q 10 8 5	N W E S	♠J 10 9 ♡K 10 3 2 ◇7 5 3 ♣K 9 4
	♠A K Q 8 4 ♡A J 4 ◇Q 10 ♣A J 2	

西	北	东	南
	范托尼		努内斯
不叫	不叫	不叫	1♠
不叫	2♠[1]	不叫	2NT[2]
不叫	3♠	全不叫	

1. 3~6 点三张支持，或 2~4 点四张支持。

2. 进局试探。

3. 2005 年百慕大杯决赛

北家开叫 南北有局	♠A 6 3 2 ♡A K J 5 3 ◇K J 4 ♣5	
♠10 8 5 ♡7 4 ◇Q 10 5 3 ♣K J 7 4	N W E S	♠7 ♡Q 10 6 2 ◇9 7 ♣A 9 8 6 3 2
	♠K Q J 9 4 ♡9 8 ◇A 8 6 2 ♣Q 10	

西	北	东	南
	范托尼		努内斯
	1♡	不叫	2♠[1]
不叫	3♠	不叫	3NT[2]
不叫	4♣[3]	加倍	4◇[3]
不叫	4♡[3]	不叫	4NT[4]
不叫	6♠	全不叫	

1. 10 点以上,五张以上黑桃。
2. 低限 3NT。
3. 扣叫。
4. 特博,偶数关键张。

4. 2005 年欧洲杯决赛

南家开叫 东西有局	♠6 4 ♡K J 2 ◇10 6 ♣Q J 10 7 5 3	
♠8 7 ♡9 8 ◇9 7 4 3 ♣A K 8 6 2	N W E S	♠10 6 3 ♡A 9 5 3 ◇K Q J 5 ♣9 4
	♠K Q J 10 2 ♡A Q 7 5 4 ◇A 8 2 ♣—	

西	北	东	南
	范托尼		努内斯
			1♠
不叫	1NT[1]	不叫	3♡[2]
不叫	4♡	全不叫	

1. 0~9 点。

2. 16~17 点，红心黑桃 5–5 以上。

5. 2006年欧洲杯赛

南家开叫 双方有局	♠A K J 10 7 3 ♡A Q J ◇A Q 10 ♣9	
♠Q 4 ♡K 6 5 4 2 ◇K 6 5 3 2 ♣5	N W E S	♠9 8 3 ♡3 ◇J 4 ♣Q J 8 7 6 4 3
	♠6 5 ♡10 9 8 7 ◇9 8 7 ♣A K 10 2	

西	北	东	南
	范托尼		努内斯
			不叫
不叫	1♠	不叫	1NT[1]
不叫	2♣[2]	不叫	2◇[3]
不叫	2♡[4]	不叫	2NT[5]
不叫	3♠	不叫	4♣[6]
不叫	4◇[6]	不叫	4♠
全不叫			

1. 0~9点。
2. 葛兹里，14~17点梅花套，或16~17点均型，或某些18点以上非均型。
3. 6~9点。
4. 18点以上，三张以上红心。
5. 四张红心。
6. 扣叫。

6. 2006 年欧洲杯赛

北家开叫
双方无局

西	北	东
	♠K 8 5 3 ♡A K J 5 2 ◇J 5 ♣Q 2	
♠Q J ♡Q 3 ◇10 7 6 4 3 ♣J 6 5 4	N W E S	♠9 7 ♡10 6 ◇A K Q 2 ♣K 10 9 8 7
	♠A 10 6 4 2 ♡9 8 7 4 ◇9 8 ♣A 3	

西	北	东	南
	范托尼		努内斯
	1♡	不叫	2NT[1]
不叫	3◇[2]	不叫	4♡
全不叫			

1. 7~9 点三张支持，或 5~9 点四张支持，或 8~11 点四张支持加一个短门。
2. 邀叫。

7. 2006年欧洲杯赛

西家开叫
东西有局

北：
♠Q 10 9
♡K 10 9 6
♢8 5 3
♣Q J 2

西：
♠8 4 3
♡8 3
♢10 9 2
♣A 8 5 4 3

东：
♠A J 7 5
♡J 4
♢K J 7 6 4
♣9 7

南：
♠K 6 2
♡A Q 7 5 2
♢A Q
♣K 10 6

西	北	东	南
	范托尼		努内斯
不叫	不叫	不叫	1♡
不叫	2NT[1]	不叫	3NT[2]
不叫	4♡	全不叫	

1. 7~9点三张支持，或5~9点四张支持，或8~11点四张支持加一个短门。
2. 5332牌型，要求同伴示选。

8. 第八届欧洲锦标赛决赛

北家开叫
东西有局

North:
♠8
♡A J 9 8 6 4
◇A Q 10 9 7 6
♣—

West:
♠K J 7 3
♡10 7
◇K 8 5 4 2
♣K 10

East:
♠Q 6 5 4 2
♡K 2
◇J
♣9 8 4 3 2

South:
♠A 10 9
♡Q 5 3
◇3
♣A Q J 7 6 5

西	北	东	南
	范托尼		努内斯
	1♡	不叫	2♣[1]
不叫	2♠[2]	不叫	3♡
不叫	3♠[3]	不叫	4♣[3]
不叫	4◇[3]	不叫	4♡
不叫	6♡	全不叫	

1. 10 点以上,梅花套或红心加叫,或均型牌。

2. 方块套。

3. 扣叫。

9. 第八届欧洲锦标赛决赛

南家开叫
双方无局

北：
♠J 6
♡9 6 4 2
◇K 10 8 7 2
♣K 5

西：
♠9 3 2
♡A 8 3
◇Q 6 4
♣10 8 6 3

东：
♠Q 10 7
♡K Q J 10 7
◇A 9 5
♣Q 4

南：
♠A K 8 5 4
♡5
◇J 3
♣A J 9 7 2

西	北	东	南
	范托尼		努内斯
			1♠
不叫	1NT[1]	不叫	2♣[2]
不叫	2◇[3]	不叫	2♠[4]
全不叫			

1. 0~9 点。
2. 葛兹里，14~17 点梅花套，或 16~17 点均型，或某些 18 点以上非均型。
3. 6~9 点。
4. 14~17 点，梅花套。

10. 2009 年法国公开赛决赛

西家开叫 双方无局	♠Q 7 3 2 ♡A K 10 9 8 ◇J 2 ♣A 3	
♠9 3 2 ♡A 8 3 ◇Q 6 4 ♣10 8 6 3	N W E S	♠A 9 3 ♡J 4 3 ◇K 9 8 ♣10 9 8 2
	♠K ♡Q 6 5 ◇A 10 7 5 3 ♣K Q J 6	

西	北	东	南
	范托尼		努内斯
不叫	1♡	不叫	2◇
不叫	2♠	不叫	3♡
不叫	3NT[1]	不叫	4♣[2]
不叫	4♠[3]	不叫	5◇[4]
不叫	6♡	全不叫	

1. 低限 3NT，否定黑桃控制。
2. 扣叫。
3. ♠Q，无方块控制。
4. 特博，扣叫，奇数关键张。

1NT 开叫

1. 第六届欧洲锦标赛循环赛

西家开叫
南北无局

北：
♠10 8 3
♡10 6 4
◇A 9
♣A K J 9 5

西：
♠K 9 6 4
♡J 9
◇K 5 4 3
♣Q 8 4

东：
♠J 5 2
♡Q 8
◇Q J 8 7 2
♣7 6 2

南：
♠A Q 7
♡A K 7 5 4 2
◇10 6
♣10 3

西	北	东	南
	范托尼		努内斯
不叫	1NT	不叫	4♣[1]
不叫	4♡	全不叫	

1. 转移到红心。

2. 第六届欧洲锦标赛决赛

西家开叫 双方无局	♠K 8 5 4 ♡K 7 ◇K 8 5 2 ♣K Q 4	
♠7 ♡A 9 8 6 ◇Q 4 ♣J 10 9 8 5 3	N W E S	♠J 10 9 3 2 ♡Q 10 4 2 ◇J 7 6 ♣2
	♠A Q 6 ♡J 5 3 ◇A 10 9 3 ♣A 7 6	

西	北	东	南
	范托尼		努内斯
不叫	1NT	不叫	3♣[1]
不叫	3◇[2]	不叫	3NT
全不叫			

1. 问五张高花或四张高花加五张低花。
2. 否定四张高花加五张低花。

3. 2005 年百慕大杯决赛

南家开叫　♠J 10 8 5
东西有局　♡A Q J 10 8 3 2
♢—
♣K Q

♠Q 9 2
♡K 7
♢K 7 2
♣J 9 6 4 3

♠K 6 4 3
♡7
♢Q J 9 6 5
♣8 5 2

♠A 7
♡9 6 5
♢A 10 8 4 3
♣A 10 7

西	北	东	南
	范托尼		努内斯
			1NT
不叫	2♣	不叫	2♢
不叫	3♡[1]	不叫	3♠[2]
不叫	4♣[2]	不叫	4♢[2]
不叫	4♡	不叫	4♠[2]
不叫	5♡	全不叫	

1. 五张以上红心，进局逼叫。

2. 扣叫。

4. 2005 年百慕大杯决赛

北家开叫 双方有局	♠K Q J 5 3 ♡K Q 10 ◇J 9 4 ♣4 2	
♠A 10 6 ♡6 4 3 2 ◇7 2 ♣J 9 5 3	N W E S	♠9 4 ♡A 9 7 5 ◇K Q 8 3 ♣10 8 6
	♠8 7 2 ♡J 8 ◇A 10 6 5 ♣A K Q 7	

西	北	东	南
	范托尼		努内斯
不叫	1NT	不叫	3♣[1]
不叫	3◇[2]	不叫	3♠[3]
不叫	4♠	全不叫	

1. 问五张高花或四张高花加五张低花。
2. 否定四张高花加五张低花。
3. 三张套。

5. 2007 年百慕大杯循环赛

南家开叫 双方无局	♠Q ♡K J 8 5 ◇8 2 ♣K 9 7 5 3 2	
♠10 7 4 3 ♡A 9 6 ◇K 4 3 ♣A J 4	N W E S	♠K 9 8 6 ♡10 4 ◇Q J 10 7 5 ♣8 6
	♠A J 5 2 ♡Q 7 3 2 ◇A 9 6 ♣Q 10	

西	北	东	南
	范托尼		努内斯
			1NT
不叫	2◇[1]	不叫	2♡
不叫	3♣[2]	不叫	4♡
全不叫			

1. 转移到 2♡。
2. 四张红心加五张以上梅花的邀叫。

6. 2006 年欧洲杯赛

南家开叫 东西有局	♠8 4 3 ♡K 9 4 2 ◇Q 6 ♣A K J 9	
♠J 9 7 2 ♡A Q 6 3 ◇4 ♣Q 8 3 2	N W E S	♠K 6 ♡J 10 7 ◇K 9 8 7 5 ♣7 6 4
	♠A Q 10 5 ♡8 5 ◇A J 10 3 2 ♣10 5	

西	北	东	南
	范托尼		努内斯
			1NT
不叫	2♣	不叫	2♠[1]
不叫	3♣[2]	不叫	3◇[3]
不叫	3NT	全不叫	

1. 四张以上黑桃，否定四张红心。
2. 问五张黑桃或五张低花。
3. 五张方块。

7. 2006 年欧洲杯赛

西家开叫
双方有局

北：♠K 2 ♡A K 3 2 ◇A 8 6 4 ♣8 7 5

西：♠A 8 6 5 ♡Q 7 6 5 ◇5 3 ♣A 6 2

东：♠J 9 7 4 ♡10 9 8 4 ◇K 2 ♣9 4 3

南：♠Q 10 3 ♡J ◇Q J 10 9 7 ♣K Q J 10

西	北	东	南
	范托尼		努内斯
不叫	1NT	不叫	3♡[1]
不叫	3NT	全不叫	

1. 5–4 低花，单张红心的进局逼叫。

8. 第八届欧洲锦标赛决赛

南家开叫 双方有局	♠A J 5 ♡7 3 ◇A 9 8 6 3 ♣K 9 7	
♠K 3 ♡A 6 4 ◇Q J 7 5 ♣J 5 4 2	N W E S	♠Q 10 9 8 ♡8 5 2 ◇K 2 ♣Q 10 8 4
	♠7 6 4 2 ♡K Q J 10 9 ◇10 4 ♣A 6	

西	北	东	南
	范托尼		努内斯
			不叫
不叫	1NT	不叫	2♡[1]
不叫	2♠[2]	不叫	3♡[3]
全不叫			

1. 转移叫。
2. 少于四张黑桃。
3. 四张黑桃加五张红心邀叫。

9. 2009 年法国国际俱乐部赛

西家开叫
双方有局

北：
♠A 10 7
♡J 3
◇A 9 8
♣K J 8 6 4

西：
♠8 6 5 4 3
♡10 7
◇J 10 7 5 3
♣9

东：
♠2
♡K 9 8 6 5
◇Q 6 4 2
♣Q 10 3

南：
♠K Q J 9
♡A Q 4 2
◇K
♣A 7 5 2

西	北	东	南
	范托尼		努内斯
不叫	1NT	不叫	2♣
不叫	2◇	不叫	2♠[1]
不叫	3♣[2]	不叫	4♣
不叫	4◇[3]	不叫	4♡[3]
不叫	4♠[3]	不叫	4NT[4]
不叫	5NT[5]	不叫	6♣
全不叫			

1. 问五张低花。
2. 五张梅花。
3. 扣叫。
4. 特博，偶数关键张。
5. 没有将牌 Q 和其他控制。

10. 2008年法国公开队式赛

东家开叫
双方有局

	♠Q J 10 5 4 ♡K J 7 5 3 ◇K 10 ♣5	
♠8 6 5 4 3 ♡10 7 ◇J 10 7 5 3 ♣9	N W E S	♠8 3 ♡A 10 ◇J 8 5 2 ♣J 10 4 3 2
	♠A 9 7 2 ♡Q 2 ◇A Q 9 ♣Q 8 7 6	

西	北	东	南
	范托尼		努内斯
		不叫	1NT
不叫	2♠[1]	不叫	2NT[2]
不叫	3♡[3]	不叫	4♠
全不叫			

1. 逼叫2NT,相邻两套5–5的邀叫,或双低花5–5的进局逼叫。
2. 遵命。
3. 双高花邀叫。

11. 2012 年北美斯苹果尔德杯决赛

西家开叫 南北有局	♠K 9 2 ♡J 6 4 ◇K Q 2 ♣A 10 7 2	
♠A 7 6 ♡K Q 9 3 ◇9 6 4 ♣9 5 4	N W E S	♠10 4 ♡A 10 8 7 5 ◇J 7 5 ♣Q 8 6
	♠Q J 8 5 3 ♡2 ◇A 10 8 3 ♣K J 3	

西	北	东	南
	范托尼		努内斯
不叫	1NT	不叫	2◇[1]
不叫	2♡	不叫	2♠[2]
不叫	2NT[3]	不叫	3♠[4]
不叫	4♠	全不叫	

1. 转移到 2♡。
2. 逼叫 2NT。
3. 遵命。
4. 五张黑桃的进局逼叫。

2♣开叫

1. 第六届欧洲锦标赛循环赛

北家开叫
南北有局

	北	
	♠K 7 3 ♡A 10 8 7 ◇K ♣K 9 7 5 3	
♠10 6 5 ♡Q J ◇7 3 2 ♣A J 10 6 2	N W E S	♠Q J 4 2 ♡K 4 3 ◇Q 10 9 8 6 ♣4
	♠A 9 8 ♡9 6 5 2 ◇A J 5 4 ♣Q 8	

西	北	东	南
	范托尼		努内斯
不叫	2♣	不叫	2◇[1]
不叫	2♡[2]	不叫	2NT[3]
不叫	3♠[4]	不叫	4♡
全不叫			

1. 接力,通常为邀叫以上实力。
2. 三张以上红心。
3. 接力,进局逼叫。
4. 3415 牌型。

2. 2007 年百慕大杯四分之一决赛

北家开叫
东西有局

北：♠K J 7 ♡A J 5 3 ♢— ♣J 8 7 6 5 4

西：♠Q 9 6 4 2 ♡9 ♢A 10 9 5 4 ♣10 3

东：♠A 10 5 ♡K Q 6 4 2 ♢8 7 2 ♣Q 2

南：♠8 3 ♡10 8 7 ♢K Q J 6 3 ♣A K 9

西	北	东	南
	范托尼		努内斯
不叫	2♣	不叫	2♢[1]
不叫	2♡[2]	不叫	3♢[3]
不叫	3NT	全不叫	

1. 接力，通常为邀叫以上实力。
2. 三张以上红心。
3. 自然叫，进局逼叫。

3. 2008 年百慕大杯循环赛

南家开叫 **双方无局**	♠Q J 10 8 6 ♡A Q 9 3 ◇10 7 6 ♣Q	
♠K 7 ♡10 8 5 ◇J 5 3 ♣K 8 6 3 2	N W E S	♠9 5 2 ♡K J 7 6 4 ◇A K 4 2 ♣7
	♠A 4 3 ♡2 ◇Q 9 8 ♣A J 10 9 5 4	

西	北	东	南
	范托尼		努内斯
			2♣
不叫	2NT[1]	不叫	4♠
全不叫			

1. 五张以上黑桃加四张以上红心的邀叫。

4. 2005 年欧洲公开赛十六强赛

东家开叫
东西有局

	♠A Q 6 2 ♡Q 7 6 4 ◇10 8 6 4 ♣J	
♠10 7 3 ♡J 10 3 ◇A 5 2 ♣A K 9 3	N W E S	♠J 4 ♡A K 8 5 2 ◇J 9 7 ♣7 6 4
	♠K 9 8 5 ♡9 ◇K Q 3 ♣Q 10 8 5 2	

西	北	东	南
	范托尼		努内斯
		不叫	2♣
不叫	2◇[1]	不叫	2♠[2]
全不叫			

1. 接力，通常为邀叫以上实力。
2. 三张以上黑桃。

5. 2006 年欧洲杯赛

东家开叫 双方无局	♠A Q J 9 7 5 ♡9 7 3 ◇A K 2 ♣Q	
♠8 6 ♡A J 10 8 6 4 ◇8 ♣9 8 7 5	N W E S	♠10 2 ♡Q 5 2 ◇J 9 5 4 3 ♣K J 4
	♠K 4 3 ♡K ◇Q 10 7 6 ♣A 10 6 3 2	

西	北	东	南
	范托尼		努内斯
		不叫	2♣
不叫	2◇[1]	不叫	2♠[2]
不叫	3♠[3]	不叫	3NT[4]
不叫	4♣[5]	不叫	4♡[5]
加倍	不叫	不叫	4♠[6]
不叫	4NT[7]	不叫	5♣[5]
不叫	6♠	全不叫	

1. 接力，通常为邀叫以上实力。
2. 三张以上黑桃。
3. 自然叫，确定将牌。
4. 低限 3NT。
5. 扣叫。
6. 否定红心第一轮控制。
7. 特博，偶数关键张。

2◇开叫

1. 第六届欧洲锦标赛循环赛

东家开叫 东西有局	♠K 4 2 ♡K Q J 4 3 2 ◇K 8 ♣Q 5	
♠10 9 6 ♡9 7 ◇A Q J 9 ♣K 10 8 2	N W E S	♠Q 8 7 5 3 ♡A 8 6 5 ◇4 3 ♣J 4
	♠A J ♡10 ◇10 7 6 5 2 ♣A 9 7 6 3	

西	北	东	南
	范托尼		努内斯
		不叫	2◇
不叫	2♡[1]	不叫	2♠[2]
不叫	2NT[3]	不叫	3♣[4]
不叫	3◇[5]	不叫	3♠[6]
不叫	3NT	全不叫	

1. 接力，通常为邀叫以上实力。
2. 0~1张红心。
3. 接力，进局逼叫。
4. 3154、2155或3064牌型。
5. 接力。
6. 2155牌型。

2. 2005 年百慕大杯决赛

北家开叫 东西有局	♠7 6 5 3 ♡K 8 ◇A K J 8 7 5 4 ♣—	
♠Q J ♡10 6 4 3 2 ◇9 ♣K 10 9 5 2		♠10 8 2 ♡Q 5 ◇Q 6 3 2 ♣A 7 6 4
	♠A K 9 4 ♡A J 9 7 ◇10 ♣Q J 8 3	

西	北	东	南
	范托尼		努内斯
不叫	2◇	不叫	2♡[1]
不叫	2NT[2]	不叫	3♣[3]
加倍	3♠[4]	不叫	4♠
全不叫			

1. 接力，通常为邀叫以上实力。
2. 没有高花短门。
3. 接力，进局逼叫。
4. 大约 4261 牌型。

3. 2009 年欧洲杯半决赛赛

南家开叫 ♠K Q J 10 6 4 3
东西有局 ♡Q 9 6
♢5
♣K 9

西		东
♠2		♠A 9 5
♡A J 7 4	N W E S	♡10 3 2
♢Q 6 2		♢10 9 8
♣Q J 8 6 2		♣A 10 7 3

♠8 7
♡K 8 5
♢A K J 7 4 3
♣6 5

西	北	东	南
	范托尼		努内斯
		不叫	2♢
不叫	4♠	全不叫	

4. 2010 年意大利俱乐部锦标赛决赛

北家开叫
东西有局

北：
♠7 4
♡6
◇A K 10 9 8
♣K 10 9 8 6

西：
♠K Q 3 2
♡Q 10 4 2
◇6
♣A Q 5 4

东：
♠10 8 6
♡J 9 8 6
◇J 5 3
♣J 3 2

南：
♠A J 9 5
♡A K 7 3
◇Q 7 4 2
♣7

西	北	东	南
	范托尼		努内斯
不叫	2◇	不叫	2♡[1]
不叫	2♠[2]	不叫	2NT[3]
不叫	3♣[4]	不叫	3◇[5]
不叫	3♠[6]	不叫	4◇[7]
不叫	4NT[8]	不叫	5♣[9]
不叫	6♣[9]	不叫	6◇
全不叫			

1. 接力，通常为邀叫以上实力。
2. 0~1 张红心。
3. 接力，进局逼叫。
4. 3154、2155 或 3064 牌型。
5. 接力。
6. 2155 牌型。
7. 确定将牌。
8. 特博，偶数关键张。
9. 扣叫。

5. 2012 年欧洲杯赛

东家开叫 南北有局	♠10 8 6 4 2 ♡A 7 5 3 ◇A Q ♣K 6	
♠5 3 ♡K J 10 9 8 ◇K 4 3 ♣8 3 2	N W E S	♠K J ♡Q 8 4 ◇9 8 6 ♣A 10 9 7 4
	♠A Q 9 7 ♡6 ◇J 10 7 5 2 ♣Q J 5	

西	北	东	南
	范托尼		努内斯
		不叫	2◇
不叫	2♠[1]	不叫	4♠
全不叫			

1. 5–4 以上高花，邀叫。

2♡开叫

1. 第六届欧洲锦标赛决赛

北家开叫
双方无局

北：
♠Q J
♡K Q J 9 8 5
◇10 9 2
♣A 10

西：
♠A K 8 5
♡6 3 2
◇K J 8 7
♣Q 2

东：
♠7 6 2
♡7 4
◇Q 6 4 3
♣J 6 4 3

南：
♠10 9 4 3
♡A 10
◇A 5
♣K 9 8 7 5

西	北	东	南
	范托尼		努内斯
不叫	2♡	不叫	2♠[1]
不叫	2NT[2]	不叫	4♡
全不叫			

1. 接力，通常为邀叫以上实力。
2. 单套牌。

2. 2006 年欧洲杯赛

南家开叫 双方有局	♠A J 10 7 ♡A 8 5 2 ◇Q ♣A J 5 3	
♠9 5 ♡6 3 ◇J 10 9 2 ♣K 9 8 7 4	N W E S	♠6 4 3 2 ♡4 ◇A K 8 4 3 ♣Q 10 2
	♠K Q 8 ♡K Q J 10 9 7 ◇7 6 5 ♣6	

西	北	东	南
	范托尼		努内斯
		不叫	2♡
不叫	2♠[1]	不叫	2NT[2]
不叫	3♣[3]	不叫	3♡[4]
不叫	4♣[5]	不叫	4♡
不叫	4♠[5]	不叫	5♣[6]
不叫	6♡	全不叫	

1. 接力，通常为邀叫以上实力。
2. 单套牌。
3. 问短门。
4. 梅花单缺。
5. 扣叫
6. 特博，扣叫并表示奇数关键张。

3. 2009 年欧洲锦标赛四分之一决赛

南家开叫
双方无局

北：
♠Q 8 4
♡8 6 5 2
◇Q 9 4
♣K J 3

西：
♠K J 10 6
♡J 4
◇K 6 5
♣Q 8 4 2

东：
♠A 9 5
♡K 7
◇A 10 8 7 3 2
♣10 6

南：
♠7 3 2
♡A Q 10 9 3
◇J
♣A 9 7 5

西	北	东	南
	范托尼		努内斯
		不叫	2♡
不叫	4♡	全不叫	

4. 第二届世界智力运动会十六强赛

北家开叫 双方有局	♠7 ♡A Q 10 9 4 3 ◇A 10 6 ♣Q 5 2	
♠A J 10 3 ♡8 7 5 ◇J 8 5 4 3 ♣7	N W E S	♠Q 6 5 4 2 ♡K J 6 2 ◇2 ♣K 9 6
	♠K 9 8 ♡— ◇K Q 9 7 ♣A J 10 8 4 3	

西	北	东	南
	范托尼		努内斯
不叫	2♡	不叫	2♠[1]
不叫	2NT[2]	不叫	3♣[3]
不叫	3NT[4]	不叫	5♣
全不叫			

1. 接力,通常为邀叫以上实力。
2. 单套牌。
3. 问短门。
4. 黑桃单缺。

5. 第二届世界智力运动会半决赛

北家开叫
双方有局

北：
♠—
♡A 10 9 4 3
◇J 9 6 5
♣K Q 10 4

西：
♠Q J 10 9 7
♡8 7 6
◇K 8
♣J 9 3

东：
♠8 5 2
♡K J 5
◇10 7 4 2
♣8 7 5

南：
♠A K 6 4 3
♡Q 2
◇A Q 3
♣A 6 2

西	北	东	南
	范托尼		努内斯
不叫	2♡	不叫	2♠[1]
不叫	3♣[2]	不叫	3◇[3]
不叫	3NT[4]	全不叫	

1. 接力，通常为邀叫以上实力。
2. 梅花套。
3. 接力，进局逼叫。
4. 0544 牌型。

2♠开叫

1. 2007年百慕大杯循环赛

东家开叫 东西有局	♠A 5 ♡A Q 7 ◇A J 8 3 ♣J 8 5 4	
♠8 4 ♡J 10 8 2 ◇K 10 2 ♣9 7 3 2	N W E S	♠Q 7 6 ♡K 9 6 5 3 ◇Q 9 6 ♣Q 10
	♠K J 10 9 3 2 ♡4 ◇7 5 4 ♣A K 6	

西	北	东	南
	范托尼		努内斯
		不叫	2♠
不叫	2NT[1]	不叫	3♠[2]
不叫	4♠	全不叫	

1. 接力,通常为邀叫以上实力。

2. 单套牌,低限。

2. 2012 年法国公开队式赛循环赛

北家开叫 东西有局	♠Q J 7 5 2 ♡Q 10 2 ◇— ♣A Q J 5 2	
♠9 8 5 ♡A J 6 5 4 ◇9 4 ♣8 7 6	N W E S	♠A 10 6 ♡K ◇J 10 8 7 6 5 3 2 ♣10
	♠K 3 ♡9 8 7 3 ◇A K Q ♣K 9 4 3	

西	北	东	南
	范托尼		努内斯
不叫	2♠	不叫	2NT[1]
不叫	3♣[2]	3◇	3NT
全不叫			

1. 接力，通常为邀叫以上实力。

2. 四张以上梅花。

3. 2012年法国队式公开赛半决赛

西家开叫 双方有局	♠K Q 10 7 5 4 ♡K Q 8 ♢J 4 ♣5 4	
♠9 ♡J 10 4 ♢10 9 8 7 3 ♣Q 10 9 6	N W E S	♠A J 8 6 3 2 ♡9 5 2 ♢K 6 2 ♣8
	♠— ♡A 7 6 3 ♢A Q 5 ♣A K J 7 3 2	

西	北	东	南
	范托尼		努内斯
不叫	2♠	不叫	3♡[1]
不叫	3♠	不叫	3NT
全不叫			

1. 梅花套，邀叫以上牌力。

4. 2005 年欧洲公开赛十六强赛

西家开叫 双方无局	♠K Q 9 6 4 2 ♡A J 10 ♢10 ♣Q 7 2	
♠8 7 ♡K Q 9 7 ♢Q J 7 6 3 ♣J 6	N W E S	♠10 5 ♡5 4 3 2 ♢A 9 5 ♣A 9 8 5
	♠A J 3 ♡8 6 ♢K 8 4 2 ♣K 10 4 3	

西	北	东	南
	范托尼		努内斯
不叫	2♠	不叫	2NT[1]
不叫	3NT[2]	不叫	4♠
全不叫			

1. 接力，通常为邀叫以上实力。
2. 单套牌，高限。

5. 2006 年欧洲杯赛

西家开叫 南北有局	♠A K Q J 6 ♡8 6 4 ◇7 ♣J 7 4 3	
♠10 3 ♡9 5 ◇J 10 5 3 ♣A 10 8 6 2	N W E S	♠8 7 2 ♡J 10 7 3 ◇Q 6 2 ♣Q 9 5
	♠9 5 4 ♡A K Q 2 ◇A K 9 8 4 ♣K	

西	北	东	南
	范托尼		努内斯
不叫	2♠	不叫	2NT[1]
不叫	3♣[2]	不叫	3◇[3]
不叫	3♠[4]	不叫	4◇[5]
不叫	4♠	不叫	4NT[6]
不叫	5◇[5]	不叫	5♡[5]
不叫	6♠	全不叫	

1. 接力，通常为邀叫以上实力。
2. 四张以上梅花。
3. 接力，进局逼叫。
4. 5314 牌型。
5. 扣叫。
6. 特博，偶数关键张。